1등의 통찰

전 세계 1% 전략가들에게만 허락된 MIT 명강의

1등의 통찰

히라이 다카시 지음 | 이선희 옮김

다산**3.0**

새로운 시대 리더의 사고법

이원재 (경제평론가, 『이상한 나라의 경제학』 저자)

청년실업 문제가 지면을 뒤덮는다. 삼포세대니 오포세대니 하는 이야기가 공공연히 나돈다. 고학력 청년 인력은 점점 늘어나고 이들을 수용할 일자리는 늘지 않는다. 한국뿐아니라 대부분 선진국이 골머리를 앓는다.

많은 어른이 "미안하다"고 외친다. 청년 일자리를 만들어야 한다고 목소리를 높인다. 정부에서는 청년을 위한 일자리를 만들겠다며 각종 대책을 내놓는다. 직업훈련도 시키고 인턴제도도 도입하겠다고 한다. 법을 바꿔 중장년층을 쉽게 해고할 수 있어야 청년 일자리가 생긴다는 논리까지 나온다.

그런데, 정말 그렇게 단순할까? 천만의 말씀이다. 만일 그렇게 단순했다면 이미 청년실업은 사라지고 없을지도 모른다.

'시스템 다이내믹스'는 이런 단순한 논리 전개에 의문을 제기한다. 현상을 피상적으로 인식하는 게 아니라, 그 뒤에 숨어 있는 모델과 다이너미즘을 보도록 해주는 사고법이다. 얽히고설킨 인과관계를 모델과 다이너미즘을 통해 파악하고 나면, 비로소 문제를 해결할 방법이 나온다.

MIT 슬론스쿨에서 MBA 과정을 밟던 중, '가장 MIT다운' 과목으로 여겨지던 것이 바로 시스템 다이내믹스였다. MIT 슬론스쿨은 과학적 사고와 함께 창업가 정신을 강조한다. 거창한 수사보다는 데이터와 사실에 근거한 사고 훈련을 중시한다. 시스템 다이내믹스는 겉으로 드러나는 현상의 이면에 있는 본질을 꿰뚫어, 이를 토대로 전략을 짜도록 돕는 과정이었다. 증거에 기반을 둔 경영, 데이터에 기반을 둔 정책 결정을 하려는 이들에게는 무척 매력적이면서도 꼭 필요한 내용이었다.

예를 들어 점점 심각해지고 있다는 청년실업 뉴스를 보

면서도 우리는 이런 사고방식으로 새로운 통찰을 얻을 수 있다. 나는 청년문제를 곰곰이 생각하다 '세대별 소득 변화 추이' 통계를 떠올렸다. 최근 화제가 됐던 이세돌과 알파고의 바둑 대결을 지켜보면서 생각났던 통계이기도 하다.

통계청의 '가계 동향'에 따르면 2015년 한국의 20대, 30대 가계소득은 조사 사상 최초로 줄어들었다. 가구주가 39세 이하인 2인 이상 가구의 2015년 월평균 소득은 431만 6000원으로 그 전 해보다 0.6퍼센트 줄었다.

놀라운 일이다. 아무리 경기가 나빴다고 하지만 평균소득은 꾸준히 상승했다. 20~30대면 가장 왕성하게 일하고 근로소득을 벌어들일 때 아닌가. 그동안 부침은 있었지만 아무리 불황이라도 증가세는 유지했었다.

다른 세대의 소득은 줄지 않고 오로지 20~30대만 줄었다는 점도 놀랍다. 이전에는 종종 감소세를 보이던 60대 이상 가계소득조차도 늘었다.

왜 2030세대의 가계소득만 줄었을까?

시야를 세계로 넓혀 보면, 젊은 세대의 소득 지체 현상은 주요 선진국에서 공통적으로 일어나고 있다. 룩셈부르크의 국제 소득데이터 연구기관인 'LIS 국가 간 데이터센터'의 자료를 보면, 선진국에서도 일하는 젊은층의 소득은 줄고 은퇴 고령층의 소득은 늘고 있다. 1980년대부터 모든 선진국에서 진행된 경제 환경 변화가 이런 결과를 낳았다.

LIS는 오스트레일리아, 영국, 캐나다, 프랑스, 독일, 이탈리아, 스페인, 미국 등 여덟 개 선진국의 세대 간 소득을 분석했다. 그런데 1980년대와 90년대 중반에 태어난 이른바 '밀레니얼 세대^{millenials}'의 소득 증가율은 전체 인구의 평균 소득 증가율에 비해 대부분 뒤처졌다. 반대로 은퇴 고령자들은 상대적으로 소득이 늘었다.

지난 30년 동안 그 나라의 평균 가구 가처분소득 증가율을 보면, 영국의 25~29세의 소득 증가분은 평균 소득 증가분보다 2퍼센트 뒤처졌다. 그런데 영국의 65~69세는 62퍼센트, 70~74세는 66퍼센트나 앞서갔다. 젊은층의 소득은 평균소득보다 천천히 늘었고, 노인층의 소득은 평균소득보다 빠르게 늘었다. 이탈리아, 스페인, 미국, 프랑스, 독일, 캐나다도 젊은층 소득 증가분은 평균소득 증가분을 밑돌았고 노년층 소득 증가분은 평균을 웃돌았다.

최근 숫자는 더 심각하다. 미국, 영국, 캐나다, 이탈리아, 스페인, 프랑스, 독일 등 7개국의 밀레니얼 세대는 2008년

금융위기 이후 실질소득이 계속 줄고 있다. 결과적으로 미국에서 30대 이하 세대는 은퇴자보다도 소득이 적다.

지금 세계가 직면하고 있는 현상, 즉 일하는 젊은층이 은퇴 고령층에 비해 실질소득이나 증가율이 뒤처지는 현상은 전쟁이나 대형재해 등의 예외적인 때를 빼면 산업혁명 이후 자본주의 역사상 처음이다. 그런데 젊은 세대의 특성은 주된 소득이 근로소득이라는 점이다. 40대를 넘어서면 자본소득이나 사업소득 등은 늘지 않는다. 또한 고령층이 가진 이전소득이 젊은 세대에는 거의 없다.

결국 젊은 세대의 소득 지체 현상은 근로소득의 위기다. 근로소득에 비해 연금소득이 더 커지고 안정적이 되고 있다는 뜻이다. 이런 상황에서는 연금을 탈 수 있는 고령층의 소득이 젊은층보다 오히려 안정적이 된다.

시스템 다이내믹스를 적용해보자면, 청년이 겪는 경제적 고통을 설명하는 모델과 다이너미즘은 이런 것이다. 근로소득이 불안정해지기 시작한다. 그런데 이미 노동시장에서 일정한 지위를 획득한 40~50대 노동자는 노동조합 등을 통한 정치력과 조직 내에서 이미 획득한 의사결정권을 바탕으로 그 불안정성을 받아들이지 않고 외부로 떠넘긴다.

그 불안정성은 고스란히 30대 이하 노동자에게로 넘어간다. 한편 60대 이상 고령층은 복지제도를 둘러싼 오랜 싸움의 전리품으로 이미 확보한 안정적 연금소득을 유지하거나 강화한다. 결과적으로 30대 이하 노동자의 소득은 점점 더 불안해지고 나머지는 상대적인 안정성을 유지한다.

한 걸음 더 들어가 보자. 근로소득이 왜 불안정해지기 시작했을까? 이 질문이 바로 알파고와 세대 간 소득격차 통계 사이의 접점이다. 기계와 소프트웨어가 인간의 노동을 본격적으로 대체하기 시작한 것이다. 특히 노동시장에서 높은 보상을 받던 고급 노동력을 대체한다. 그러면 노동시장 경쟁은 더 치열해지고 노동자가 처한 상황은 더 열악해진다. 특히 신규진입 노동자, 즉 젊은층 노동자를 중심으로 임금 인하 압박이 커진다. 그러다 보니 이 계층의 주류를 이루는 젊은 세대의 실질소득이 정체 또는 하락의 길을 걷게 된다. 인간이 노동력을 팔아 임금으로 살아가는 모델에 균열이 생긴 것이다.

세대 간 불평등은 사회에서 더 큰 불평등으로 이어진다. 자신의 소득만으로 부를 축적하기 어려워진 상태이므로, 젊은 세대는 부모로부터 물려받은 부가 있어야만 재산을 소유할 수 있다. 상속 여부가 계층을 결정하는 가장 중요한 원인이 된다. 이른바 금수저, 흙수저 얘기가 나오게 된다.

결국 본질을 보면 기존 기업에서 인간 노동에 대한 수요가 줄고 있다는 점을 파악할 수 있다. 오랫동안 기술이 인간의 노동을 밀어내는 방향으로 발전해온 결과다.

문제를 이렇게 인식한다면 대책도 달라진다. 근로소득 체계 자체가 변하고 있다면, 청년을 교육시키거나 중장년층을 조기 퇴직시켜 기존의 일자리를 청년에게 나누어주도록 만드는 방법은 효과를 거두기 어렵다.

오히려 인간의 노동이 필요한 새로운 일을 만들어내는 방법을 찾아야 한다. 정책수단도 완전히 달라져야 한다. 직업훈련보다는 창업으로, 기존 일자리 대체보다는 새로운 일자리 창출로 방향을 잡아가야 한다.

이처럼 이면에 숨은 모델과 다이너미즘을 그리고 해석하면 새로운 정책과 실천 방법을 찾아낼 수 있다. 복잡해 보이는 현상도 잘 정리하면 본질을 볼 수 있다.

본질을 보지 못하면 종종 큰 사고가 일어난다. 거대한 기업이 무너지기도 하고, 잘못된 정책으로 국가가 수렁에 빠지기도 한다.

현상만 보고 본질을 보지 못해 무너진 대표적 기업이 한때 미국 최대 에너지기업으로 급성장했다가 한순간에 파산한 엔론Enron Corporation이다. 그런데 엔론은 대규모 회계 부정이 드러나 2000년 파산하기 직전까지도 '인재들의 천국'이라는 이야기를 들을 정도로 사람을 중시하던 기업이었다. 인재 확보는 기업 경쟁력으로 이어진다는 게 당시 기업의 통념이었다. 왜 엔론에서는 이 통념이 거꾸로 작용했을까? 《뉴요커New Yorker》 기자이자 경제경영 베스트셀러 저자인 말콤 글래드웰Malcolm Gladwell은 〈인재 신화The Talent Myth〉라는 글에서 그 이유를 분석한다. 역시 본질을 보지 못한 실수가 기업 파산으로까지 이어졌다는 이야기다.

1990년대 말 세계적 전략 컨설팅회사 맥킨지McKinsey는 '인재 전쟁'이라는 제목의 대형 프로젝트에 착수한다. 전 세계의 맥킨지 컨설턴트들은 각국의 기업을 직접 방문해 인재 관리 정책에 대한 대대적 조사를 벌인다. 결과는 명백했다. 가장 큰 차이는 인재 관리였다. 인재를 체계적으로 확보하고 관리하는 회사는 승자였고 그렇지 않은 회사는 패자였다. 맥킨지는 결론을 내린다. "가장 훌륭한 인재를 뽑는 데 전력 투구해라. 그리고 그 인재들이 조직에서 빛을 발할 수 있게 하라. 자원을 소수 인재에게 집중시켜라. 그래야 무한경쟁의 세계시장에서 살아남을 수 있다."

수많은 기업이 이 구호를 도그마처럼 받아들였다. 엔론은 그 어느 곳보다도 이 구호를 적극적으로 실천했다. 엔론은 인재들의 천국이었다. 켄 레이Ken Lay 전 엔론 회장은 당시 "엔론과 경쟁사들의 유일한 차이점은 사람들뿐"이라고 말하기도 했다. 그는 전국을 다니며 최고 MBA 졸업생을 쓸어가다시피 했고, 채용한 인재에게는 다른 어떤 기업보다도 매력적인 보수를 제공했다. 엔론은 "우리는 매우 똑똑한 사람을 뽑아 그들의 가치보다 더 큰 보상을 해준다"고 자랑하기도 했다.

엔론은 인재가 원한다면 무엇이든 할 수 있는 환경을 제공해줬다. 스물아홉의 가스 트레이더 루이스 키친Lewis Kitchin의 성공담은 유명한 사례였다. 루이스는 온라인으로 트레이딩을 하자는 아이디어를 제출한 지 6개월 만에 250명을 거느린 부서의 책임자가 되어 22개국의 온라인 가스 트레이딩을 지휘했다. 이런 스타들이 회사를 끌고 나갔다.

그런데 앞줄에 선 사람을 골라내기 위해서는 뒷줄에 설 사람도 정해야 했다. 엔론에서는 모두 철저하게 평가받고

등급이 매겨졌다. 모든 직원은 1~2년에 한 번 관리자의 평가를 받았고, A, B, C 세 등급으로 나뉘었다. A등급은 인재 반열에 올라 보상과 자율을 명확하게 보장받았고, B등급은 자극을 받아야 할 대상으로 분류됐다. 불쌍한 C등급은 회사를 그만두거나 회사에서 C급 인생을 각오해야 했다.

잔인해 보였지만 명분은 너무나 논리 정연했다. 낙오자를 배려하는 데 쓸 자원을 1등이 능력을 더 발휘하도록 격려하는 데 써야 한다는 것이었다. 그래야 인재가 힘을 내 더 좋은 성과를 낼 것이라는 논리였다.

이렇게 쌓인 '인재 제일'의 탑은 왜 한순간에 무너진 걸까? 이것 역시 피상적인 인과 설정 탓이었다. 엔론은 스스로 골라낸 인재가 성과를 잘 낼 사람이라고 확신했다. 그러나 그렇지 않았다. 엔론의 인재 관리 시스템은 능력이 뛰어난 인재를 골라낸 게 아니라 스스로 능력이 뛰어나다고 믿는 사람을 골라냈다. '하겠다'고 나서는 이들에게 일이 맡겨졌다. 그에게 맞는 경험이 있는지, 잘할 수 있는 능력이 있는지는 제대로 검토하지 않았다.

엔론에서 선택된 '인재'는 실패에 대한 책임조차 지지 않았다. 큰 실패일수록 아름다운 경험으로 치장돼 이력서를 장식했다. 그들은 끝없이 새로운 사업을 찾아 자리를 옮겼다. 매년 옮겨다니느라 성과 평가도 제대로 되지 않았다.

반면 인재 대열에서 탈락한 사람은 동요했다. 핵심 사업은 흔들리기 시작했다. 신사업에서는 이익이 나오지 않았다. 회계부서 사람은 나쁜 실적을 그대로 보고할 수 없었다. 그랬다가는 인재 반열에서 탈락하기 때문이다. 그들은 '창의적인' 회계로 실적을 부풀리기 시작했다. 이 창의성은 나중에 모두 회계부정으로 밝혀졌다. 회사는 주가조작으로 조사받으며 파멸의 길을 걸었다.

잘못된 인재 제일주의는 일하는 인간이 아니라 자기도취형 인간을 양성한다. 능력과 자기도취가 혼동된다. 앞줄에 서서 구호를 외치는 자기도취형 인간이 인재 반열에 올라선다. 뒷줄에 서서 동료들을 격려하며 궂은 일을 도맡는 팀플레이어는 C급 인간이 되어버린다. 이런 조직에서는 구호만 남발할 뿐, 성과는 온데간데없다. 과장과 조작의 유혹이 점점 커진다. 합리적이고 겸손하고 이웃과 조직을 걱정하는 진짜 '인재'는 결국 이곳을 떠나게 된다. 스타가 될 수 없지만 시스템에 꾸준히 기여하는 사람을 위한 안전망이 없기 때문이다이면의 모델을 보지 못하고 다이너미즘을 예측하지 못한 엔론의 인재 정책은 결국 기업을 파멸로 몰아넣었다. 시장도 사회도 기술도 점점 더 복잡해지는 시대다. 단순한 피상적인 판단 대신, 제대로 통찰해야 하는 시대다. 이면의 진실로 사람들을 설득해 그들을 움직이게 하는 것. 그게 이 시대 리더의 역할이다.

이 책에서는 그런 리더를 위해 시스템 다이내믹스를 설명하고 있다. 특히 다양한 사례를 통해 실전에서 적용해볼 수 있는 사고법으로서의 시스템 다이내믹스를 소개하고 있다. 이 통찰력 사고를 통해 조직 구성원 및 이해관계자들과 섬세하게 소통하는 것이 이 복잡한 시대에 가장 요구되는 리더십이다. 어쩌면 이런 일이야말로, 알파고조차 대체할 수 없는 가장 가치 있는 인간의 노동일 것이다.

당신의 머리는 생각을 합니까?

성과는 결국 통찰에 달려 있다

나는 전략경영 컨설팅회사 롤랜드 버거^{Roland Berger}의 시니어 파트너^{senior partner}다. 매일 팀원들과 함께 클라이언트가 껴안고 있는 어려운 경영 문제에 도전한다.

전략 컨설턴트의 일을 한마디로 표현하면 '복잡한 문제를 해결하는 것'이다. 넣으면 바로 답이 나오는 수학공식 같은 게 있을 리 만무해서 어떤 문제도 쉽게 풀리는 법은 없다. 그러니 이 일을 제대로 하기 위해서는 언제나 현상 뒤에 숨어 있는 본질을 꿰뚫어보는 힘, 다시 말해 통찰력이 필요하다.

그래서 나는 입만 떨어지면 젊은 컨설턴트에게 "그냥 생각하지 말고, 본질에서 생각하라"라고 말한다. 통찰력의 핵심은 본질에서 생각하는 것이고, 본질에서 생각하지 않으면 올바른 해답이 절대 나오지 않기 때문이다.

누구든 입사 5년 차에서 10년 차쯤 되면 어느덧 일에 익숙해진다. 별다른 실수 없이 일을 해낼 수 있고, 자신의 성장도 스스로 실감하게 된다. 동시에 자기계발을 위한 노력도 조금씩 줄어든다. 비즈니스와 관련된 서적을 읽는 노력도, 새로운 사고법을 배우려는 노력도 아무래도 전보다 게을리하게 된다.

바로 그때 많은 사람이 벽에 부딪힌다. 원래 하던 대로 열심히 생각해서 일을 처리했음에도, 문제가 제대로 해결되지 않는 경우가 더 많아진다. 또 머리가 좋고 나쁨에 큰 차이가 없음에도, 성과를 내는 사람과 성과를 내지 못하는 사람이 뚜렷하게 나뉜다. 과연 성과를 내는 사람들은 어떻게 정확한 판단을 내리고 올바른 의사결정을 하고 있는 걸까? 그리고 그렇지 못한 사람들과의 차이는 무엇일까?

나는 그 차이가 전적으로 '본질을 꿰뚫어볼 수 있느냐,

없느냐'에 달려 있다고 생각한다. '본질'을 보지 못하고 눈에 보이는 '현상'만으로 판단하면, 절대 올바른 의사결정을 할 수 없다. 당연히 좋은 성과로 이어지지도 못한다.

내부 구조를 공개한 제품 디자인

나 역시 일을 하거나 공부를 할 때 잘못된 대답을 내놓은 적이 제법 있었다. 돌이켜보면 모두 본질을 꿰뚫어보지 못했기 때문이다. 여기서 잠시 통찰에 실패하면 어떤 실수를 저지르게 되는지 내가 실제 겪었던 실수담을 통해 확인해보자.

MIT 슬론스쿨Sloan School의 '혁신 관리자Innovation Manager' 수업 시간. 시장점유율이 엇비슷한 검사기기 제조업체인 A사와 B사의 경쟁력에 관해 토론 중이었다. A사의 제품은 한눈에 봐도 디자인이 뛰어났다. 제품을 구성하는 잡다한 장치들이 예쁜 케이스에 의해 다 가려져 아주 깔끔해 보였다. 반면 B사의 제품은 디자인이 투박했다. 배관이나 센서 등의 내부 구조가 그대로 다 보여 지저분하다는 느낌까지 받았다. 두 제품의 성능과 가격은 거의 비슷했다. 교수는 이런 상황을 쭉 설명하더니 다음과 같이 질문했다.

"이 두 제품 가운데, 5년 후 어느 쪽의 시장점유율이 높아졌을까?"

당신도 한번 생각해보길 바란다.

나는 '당연히' 디자인 면에서 뛰어난 A사 제품이 시장점유율을 더 확대했을 거라고 대답했다. 더 생각하고 말 것도 없는 문제인 것 같았다.

하지만 그건 틀린 대답이었다. 5년 후 B사 제품의 시장점유율이 훨씬 더 높아졌다. B사 제품은 내부 구조가 훤히 보이기 때문에 기업 고객이 보다 편리하게 제품을 사용할 수 있도록 계속 연구를 해나갔다. 그리고 그 연구를 통해 얻은 결과를 다음 신제품 개발에 멋지게 활용했다.

결국 연구와 개선을 거듭한 B사 제품은 기업 고객들의 찬사를 받았고, 그 결과 시장점유율에서도 A사를 크게 앞질렀다. 반대로 A사는 아름다운 디자인을 앞세워 뚜껑을 덮은 탓에, 기업 고객의 요구에 아무런 대책을 세우지 못하고 아까운 시간만 낭비했다.

즉, 나는 기기 제조업체와 기업 고객 사이에 숨어 있는 다양한 본질적 요소 간의 상호관계를 제대로 해석하지 못했다. 동시에 가장 초보적인 실수를 저질렀다. 개인 소비자가 구매하는 스마트폰 등의 일상적인 제품과 달리, 기업이 검사기기를 구매할 때는 디자인 요소가 그렇게 중요하지 않았다. 눈에 보이는 현상에 현혹된 채 문제의 본질을 보지 못한 결과였다.

위의 사례는 그 자체로 본질의 중요성에 대해 많은 것을 말해준다. A사 제품은 본질을 가려버리는 디자인이었고, B사 제품은 본질을 공개하는 디자인이었으니까. 우리가 실제로 마주하는 많은 문제는 A사 제품처럼 본질이 보이지 않는 경우가 대부분이겠지만, 통찰력을 가질 수만 있다면 B사 제품처럼 본질을 볼 수 있는 것이다.

생각의 차이가 기업 경영의 차이다

기업이 승리하느냐 패배하느냐, 시장점유율을 끌어올리느냐 빼앗기느냐 역시 통찰할 수 있느냐 없느냐에 달려 있다. 조직이 실행력을 가지고 있어도 잘못된 방향으로 움직이면 그 실행력이 오히려 독이 될 수 있다.

현재 실적이 좋지 않아 큰 폭으로 비용을 삭감해야 하는 기업이 있다고 하자. 그런 경우 흔히 일률적으로 30퍼센트의 비용을 삭감하는 식의 처방전을 내놓는다. 목표가 정확한 숫자로 나와 있으니 단순하고 이해하기도 쉽다. 어떻게 해야 할지도 명확해서 조직 구성원 누구나 쉽게 움직일 수 있다. 여기에 실행력까지 더해지면 원하던 결과도 즉시 나온다.

그런데 이것을 올바른 처방전이라고 할 수 있을까? 언뜻 보면 다른 대안이 없는 것만 같다. 그러나 '현재'에서 '미래'로 시점을 조금 바꾸면 이 처방전이 정말 옳은지 의문이 솟구친다.

당장의 비용이 줄어드는 것은 분명 좋은 일이다. 하지만 일률적으로 비용을 30퍼센트 줄이면 미래의 경쟁에 필요한 영업력이나 연구개발력까지 해칠 수 있다. 또 '일률'이란 단어는 대개 평등을 가장한 불평등을 낳는다. 조직의 동기부여 관점에서도 마이너스일 뿐이다.

'일률적으로 30퍼센트 비용 삭감'은 조직 구성원 누구나 이해하기 쉽다는 분명한 효용이 있다. 또 처음부터 다시 시작하는 것을 독려하는 '제로베이스zero-base 발상'의 효과도 있다. 하지만 당장 눈앞의 위기를 벗어난다고 해도, 핵심 경쟁력 약화로 인해 미래에는 더 심각한 실적 악화를 초래할 수 있다. 그러니 이런 해결책은 결코 옳은 처방전이라고 할 수 없다.

그런데 왜 많은 기업은 오랫동안 생각했음에도 올바르지 않은 대답을 반복하는 것일까? 이유는 단 하나. 겉으로 드러난 현상만 본 채, 왜 그렇게 되었는지 본질을 보지 못했기 때문이다.

본질이 더 보이지 않는 정보과잉 현대사회

그렇다면 본질이란 무엇일까? 본질은 문제나 현상을 만드는 진짜 원인으로, 평소에는 문제나 현상 뒤에 숨어 잘 보이지 않는다. 본질의 반대말은 표층이나 지엽말단이라고 할 수 있다.

경제가 눈부시게 성장하고 기업의 경쟁이나 조직의 시스템이 비교적 단순했던 과거에는 지금보다 본질을 파악하기 쉬웠다. 그리고 설사 본질이 잘 보이지 않는다 해도 별다른 문제가 발생하지 않았다. 세상 전체가 성장하고 있다는 달콤함에 취해 수많은 문제가 수면 위로 떠오르지 않았던 것이다.

그러나 큰 성장을 바랄 수 없는 시대에 접어들면서, 본질을 볼 수 있느냐 없느냐에 따라 큰 차이가 나타났다. 더구나 여기저기에 정보가 넘쳐나면서 세상은 눈에 띄게 복잡해졌다. 정말로 중요한 게 무엇인지 눈에 잘 보이지 않게 됐다.

시선을 조금만 돌리면 수많은 키워드가 머릿속으로 뛰어들어온다. 그러면 그 순간 다 이해했다는 느낌이 들어 생각을 멈춘다. 정보화가 진행되면서 오히려 사물의 본질이 보이지 않게 된 꼴이다.

이런 식으로 정보의 홍수에 빠져 시선이 현상에만 머물러 있으면, 아무리 오래 생각해도 본질이 보이지 않는다. 그러니 정보가 넘쳐나는 시대일수록 통찰력의 필요성은 더 커진다. 이 책에서는 이렇게 본질을 꿰뚫어볼 수 있는 생각을 '통찰력 사고'라고 부른다.

문제의 본질을 꿰뚫어보고 올바른 해결 방안을 찾아내는 일은 컨설턴트뿐 아니라 일반 직장인에게도 중요한 문제다. 점점 복잡해지는 세계에서 생존하기 위해서는 통찰력을 갖는 것보다 더 중요한 일은 없다.

MIT의 시스템 다이내믹스에서 배우다

통찰이 얼마나 중요한지, 그리고 어떻게 하면 통찰력 있게 생각할 수 있는지 깨달은 것은 MIT에서 '시스템 다이내 믹스$^{System\ Dynamics}$'를 배웠을 때였다.

시스템 다이내믹스는 MIT의 간판수업으로, 누구나 통찰력을 가질 수 있도록, 즉 현상 뒤에 숨어 있는 모델^{model}과 다이너미즘^{dynamism}을 볼 수 있도록 가르쳐준다. 모델이니, 다이너미즘이니 하는 개념이 낯설고 생소하게 느껴지더라도 미리부터 겁먹을 필요는 없다. 이것들이 무엇인지, 이것을 볼 줄 아는 게 통찰력과 무슨 상관이 있는지는 본문에서 상세히 설명할 것이다.

나는 이 시스템 다이내믹스 수업을 통해 '그 현상을 일으키는 것은 무엇인가?', '현상 뒤에 숨어 있는 모델은 무엇인가?', '앞으로 이 모델은 어떤 다이너미즘을 만들어내는가?'라고 생각하는 자세, 그리고 올바른 결론을 이끌어내기 위한 방법을 배울 수 있었다. 이런 생각법이 문제를 설정하고 해결하는 전략 컨설팅 업무에 절대적인 도움이 되었다는 사실은 두말할 필요가 없다.

이 책에서는 MIT에서 가르치는 시스템 다이내믹스의 이론을 밑바탕에 깔고, 그 위에 나 자신의 경험과 생각을 더해, 통찰력의 모든 것에 접근하기로 한다.

이 책의 구성

먼저 제1강 '사람은 의외로 깊이 생각하지 않는다'에서는 우리가 평소에 얼마나 생각을 하지 않는지, 얼마나 표면적으로 생각하는지 깨닫기로 한다. 여기에서 소개하는 아홉 가지 습관 중 본인이 해당하는 습관이 몇 가지나 되는지 스스로 생각해보기 바란다.

제2강 '겉으로 보이는 것이 다가 아니다'에서는 본질이 무슨 뜻인지, 그리고 통찰력 사고의 기본적인 구조와 진행 방식에 관해서 설명하기로 한다. 본문에서 자세히 말하겠지만, 통찰력 사고의 근간은 MIT 시스템 다이내믹스의 사고방식이다.

제3강 '생각을 눈에 보이게 그린다'에서는 통찰력 사고를 위한 최초의 단계인 모델을 그리는 방법에 대해 설명한다. 현상을 만들어내는 모델에 주목함으로써 근본적인 해결을 도모하는 것이다.

제4강 '과거를 해석하고 미래를 예측한다'에서는 모델이 만들어낸 결과를 오랜 시간축을 두고 따라가면서, 그것이 어디로 귀결되고 움직이는지 파악하는 방법을 소개한다. 일시적인 처방에 빠지지 않기 위해서는 장기적인 안목을 갖는 것이 중요하다.

제5강 '모델을 바꿔 해결책을 찾는다'에서는 지금까지 작성한 모델과 다이너미즘을 바탕으로, 문제를 근본적으로 해결하는 방법을 소개한다.

제6강 '현실에서 피드백을 얻는다'에서는 해결책을 찾아낸 후, 실제 행동을 통해 어떻게 피드백을 얻으면 되는지를 설명한다. 그리고 화장품 업체에 신소재를 파는 방법과 떨어진 매출과 이익률을 끌어올리는 방법을 사례연구로 제시해 통찰력 사고의 전 과정이 실제로 어떻게 이뤄지는지 구체적으로 확인한다.

마지막으로 제7강 '언제까지 현혹될 것인가'에서는 통찰력 강화를 위해 매일 할 수 있는 몇 가지 훈련방법을 소개한다.

1등의 통찰로 시원하게 문제를 해결하라

통찰력 사고에 익숙해진다면 비즈니스에서 부딪치는 모든 상황에서 유용한 도움을 받을 수 있다. 구체적으로 정리하면 다음과 같다.

1. 문제가 무엇인지 알 수 있다.
2. 무엇을 해야 할지 명확해진다.
3. 관계자를 설득할 수 있다.
4. 관계자의 공감을 얻을 수 있다.
5. 행동으로 옮길 수 있다.
6. 문제를 해결할 수 있다.

통찰력 사고를 활용하면 실제 비즈니스 현장에서 마주하는 어려운 문제에 정면으로 달려들어, 최고의 결과를 이끌어낼 수 있다. 그러므로 여러분도 이 책에서 소개하고 있는 다양한 방법들을 적극적으로 활용해서 자신의 업무에서 일어나는 크고 작은 문제점을 시원하게 해결하기 바란다.

많은 사람이 본질을 꿰뚫어볼 수 있는 통찰력을 키워 올바른 대답을 발견하고 좋은 성과를 내는 데 이 책이 조금이라도 도움이 된다면 그보다 더 기쁜 일은 없을 것이다.

| 제 1 강 |

사람은 의외로 깊이 생각하지 않는다 ──
: 통찰을 방해하는 아홉 가지 생각 습관

사람은 의외로
깊이 생각하지 않는다

통찰을 방해하는 아홉 가지 생각 습관

INSIGHT

올바른 사고야말로 신이 내린 최상의 선물이다.

– 아이스킬로스

인간의 뇌는 습관대로만
생각한다

　사람은 누구나 '나는 생각하고 있다'라고 여긴다. '아무 생각도 하지 않는다'라고 여기는 사람은 별로 없다. 그런데 "본질에서 생각하고 있는가?"라는 질문에 자신 있게 "그렇다"라고 대답할 수 있는 사람이 얼마나 될까.

　"그렇다"라고 대답하는 사람이 있다면, "어떤 식으로 생각하고 있는가?"라고 물어볼 필요가 있다. 만약에 "진지하게 생각하고 있다"라거나 "많은 시간을 들여서 차분히 생각하고 있다"라는 대답이 돌아오면 본질에서 생각하지 않을 가능성이 높다. 진지하게 생각하는 것은 너무도 당연해서 논외로 치고, 많은 시간을 들여서 생각하는 것 역시 본질에서 생각하는 것과 아무런 관련이 없다.

그렇다면 본질에서 생각한다는 것은 무엇인가? 통찰력 사고에 대해 본격적으로 공부하기 전에, 우리가 평소 얼마나 표층에서만 생각하고 있는지를 먼저 깨달아야 한다. 사람들은 누구나 자신이 가진 습관대로 생각을 하고, 거기에 따른 선입견에 지배당한다. 제1강에서는 통찰을 방해하는 아홉 가지 생각 습관에 대해 하나씩 확인해보겠다.

나는 지금까지 컨설팅 업무를 하면서, 또 수많은 회사와 협업을 하면서, 열심히 생각했음에도 잘못된 대답을 이끌어내는 사람들을 많이 보았다. 그들이 머리가 나빠서 그런 건 결코 아니었다. 다만 그릇된 생각 습관에 얽매인 나머지, 자신도 모른 채 현상에서만 생각하고 결론을 내렸던 것이다.

그러니 통찰력을 갖기 위해서는 일단 잘못된 생각 습관에 대해 먼저 알아야 한다. 그리고 이 중 자신이 가지고 있는 생각 습관은 없는지 확인해야 한다. 내 오랜 경험에 따르면 통찰을 방해하는 생각 습관은 크게 아홉 가지로 나눌 수 있다.

1. 현상의 반대를 결론으로 삼는 습관

2. 일반론에 만족하는 습관

3. 프레임워크에 의존하는 습관

4. 카테고리에 빠지는 습관

5. 키워드에서 생각을 멈추는 습관

6. 초기 가설을 고집하는 습관

7. 생각하는 목적을 잃어버리는 습관

8. 프로세스만 돌리려는 습관

9. 주체성을 잃어버리는 습관

이 가운데 당신은 어떤 습관을 가지고 있는가? 자신의
잘못된 생각 습관에 대해 깨닫는 것이 통찰력 사고를 위한
첫걸음이므로, 각각의 생각 습관에 관해 좀 더 자세히 설명
하기로 한다.

가장 흔하고
초보적인 생각 습관

생각 습관 ① 현상의 반대를 결론으로 삼는 습관

현상 뒤에 숨어 있는 본질에는 눈길도 주지 않고, 현상의 반대를 결론으로 삼는 습관이다. 이것은 매우 단순하지만, 여기저기에서 아주 흔히 볼 수 있는 가장 초보적인 생각 습관이다.

피곤하다 → 휴가를 내자

제품이 잘 안 팔린다 → 어떻게든 팔아야 한다

뭐든 이런 식으로 안이하게 생각하는 사람은 현상의 반

대를 결론으로 삼는 습관을 가지고 있을 확률이 크다. 물론 피곤하면 쉬어야 한다. 하지만 이것은 일시적인 해결책에 불과하다. 잠시 쉬어서 피곤이 사라진다고 해도, 다시 똑같은 패턴이 반복되기 때문에 문제는 해결되지 않는다. 피곤이 쌓인 원인은 대개 다른 곳에 있다. 미래의 목표를 잃어버렸기 때문이라면 목표를 찾아야 하고, 간이 좋지 않기 때문이라면 치료를 받아야 한다.

어떤 제품의 매출이 떨어진 경우, 여기에는 여러 가지 원인이 있을 수 있다. 단지 경쟁사의 제품에 밀린 것이 아니라, 시장이 성숙되어서 매출보다 이익을 중시해야 할 단계에 접어들었을지도 모른다. 또는 그 제품 판매에 힘을 쏟을 것이 아니라 신제품을 개발해야 할지도 모른다. 극단적인 경우 불량률이 높아 추가로 발생하는 애프터서비스 비용까지 생각하면 차라리 잘 팔리지 않는 편이 다행인 일일지도 모른다.

이런 식으로 수많은 원인이 있을 수 있는데, 단순히 지금 현상의 반대로 대답하는 것은 현상 뒤에 숨어 있는 본질에 뚜껑을 덮는 일에 지나지 않는다. 그런 생각 습관에 길들여진 사람이 올바른 대답을 찾아내는 건 불가능하다.

생각 습관 ② 일반론에 만족하는 습관

두 번째는 해결해야 할 문제에 대한 대답이 어느 상황에나 통용되는 일반론에 머무르는 습관이다. 이것은 현상의 반대를 결론으로 말하는 습관과도 일맥상통한다.

예를 들어 좀처럼 다이어트를 하지 못하는 사람은 어쩌면 '일반론에 만족하는 습관'을 가지고 있을지도 모른다.

살이 쪘다 → 식사량을 줄이자, 운동을 하자

이런 식으로 누구에게나 적용되는 일반론에 만족한다고 하자. 그러면 다이어트를 하고 싶은 마음이 있더라도 구체적인 행동으로 연결되지 못하고, 다이어트를 시작하더라도 계속 이어가지 못한다.

다이어트를 하지 않는 현상 뒤에 뚱뚱하다는 현실에 눈을 감아버리는 자신이 있다고 하자. 그런 경우에는 무작정 식사량을 줄이거나 운동을 하기보다 현관 앞에 체중계를 두고 매일 특정 시각에 체중을 재는 개별적이고 구체적인 행동이 훨씬 효과적이다. 언젠가 자신을 무서운 병으로 몰아넣을지도 모르는 과체중을 눈으로 매일 확인하면 구체적으로 행동할 수 있는 원동력이 생긴다.

또는 케이크 한 조각에 400킬로칼로리, 지방 50그램이 있고, 그것을 배출하기 위해 한 시간 이상 걸어야 한다는 정보를 머릿속에 넣어두면 무서워서 못 먹거나 먹더라도 바로 운동을 해야 한다는 의무감이 생긴다. 이런 식으로 일반론에서 벗어나 구체적으로 생각하는 습관을 가지면 문제 해결 방법을 찾는 데 분명한 도움이 된다.

회사 안에도 어디에나 해당하는 일반론에 만족하고, 거기에서 생각을 멈추는 사람이 적지 않다. 그곳에서 사고를 멈추면 한 발자국도 앞으로 나아가지 못한다. 일반론은 구체적인 방법이 아니므로 앞으로 나아가고 싶어도 나아갈 수 없다.

당신이 작성한 기획서나 사업계획서 안에도 이런 생각 습관의 흔적이 자주 발견될 것이다. 그것을 확인하는 방법은 매우 간단하다.

본인이 작성한 기획서나 사업계획서를 보면서, 문장의 주어를 다른 사람이나 다른 회사로 바꾸어보는 것이다. 주어가 달라졌는데도 위화감 없이 무난히 잘 읽히면, 어느 기획에나 해당되는 일반론에 머물러 있을 가능성이 높다. 아마 너무도 얕고, 너무도 따분하고, 너무도 당연한 대답에 불과할 것이다. 일반론을 극복하기 위해서는 각각의 장면에서 구체적인 대답을 찾아내야 함을 명심하자.

딜레마에 빠지는
생각 습관

    다음으로 소개할 네 가지 생각 습관은 평소 사고법 훈련을 열심히 하거나 꾸준히 자기계발서를 찾아 읽는 등 나름 적극적이고 주체적으로 노력하는 사람이 빠지기 쉬운 생각 습관이다.

    초보적인 생각 습관에서는 벗어났다 하더라도, 뭘 좀 배웠다고 자신이 제대로 생각하고 있다고 착각하는 건 더 위험할 수 있다. 이를 '딜레마'라고 표현한 이유도 이런 식으로 사고력을 향상시키려고 노력할수록 오히려 생각이 얕아질 위험성이 커지기 때문이다.

생각 습관 ③ 프레임워크에 의존하는 습관

먼저 프레임워크 framework 에 빠져서 정보를 정리한 뒤, 그 것으로 생각을 끝내는 습관이다. 경영학에서 프레임워크란 기업 경영과 전략에 도움이 되는 각종 분석 도구를 말한다. 그런데 이 프레임워크를 사용해서 정보를 정리하면 그것만 으로도 왠지 생각을 깊게 한 것 같고, 또 상황을 모두 이해 한 것 같은 착각에 빠지며 그곳에서 사고를 멈추게 된다.

회사에서 자주 사용하는 프레임워크 중에 SWOT이 라는 것이 있다. S(Strength, 강점)와 W(Weakness, 약점), O(Opportunity, 기회)와 T(Threat, 위협)의 두 가지 축으로 이 루어지는 매트릭스로, 한눈에 보기 편하게 정보를 정리하 는 데 매우 효과적이다.

하지만 정보 정리만으로 해결 방법이 뚝딱 튀어나오는 건 아니다. SWOT 역시 어디까지나 생각하기 위한 도구이 지, 정답을 찾아내는 자동 기계는 아니다. SWOT으로 각 종 정보를 눈에 잘 보이게 정리했다면, 그다음에는 "그래서 뭐? So what?" 또는 "왜 그런가? Why so?"라고 질문하는 것이 중 요하다.

SWOT을 의미 있게 사용하려면 적어도 자신들의 특징

인 강점과 약점(SW), 그리고 외부 환경인 기회와 위협(OT)을 고려해 네 가지 전략을 이끌어내야 한다. 구체적으로 말하면 지금의 SWOT을 갖게 된 과거의 인과관계를 이해하는 것, 또 이 SWOT으로 인해 장래에 어떤 일이 일어날 수 있는지를 파악하는 것이 중요하다. 지금의 현실을 SWOT이라는 프레임워크로 정리하는 것만으로는 결코 충분하지 않다(도표 1-1).

프레임워크를 배우기 시작하면 당장 그것을 사용해보고 싶어진다. 그것 자체는 결코 나쁜 일이 아니다. 다만 프레임워크에 지나치게 의존하면 그런 작업 자체에 성취감을 느끼고, 정보를 정리한 것만으로 깊이 생각했다는 착각에 빠질 수 있다. 그러니 그것을 사용하는 사람에 따라 통찰력 사고에 도움이 되어야 할 프레임워크가 오히려 생각에 방해가 될 수도 있음을 명심하자.

생각 습관 ④ 카테고리에 빠지는 습관

카테고리에 빠지는 습관은 현상을 분류함으로써 생각했다는 착각, 알았다는 착각에 빠지는 습관이다. 이 습관은 일상생활에서 흔히 찾아볼 수 있다.

그 사람은 논리적이야 → 당연하지, 이공계 출신이거든

그 사람은 참 세련됐어 → 그래, A대학을 나왔거든

이것이 카테고리에 빠지는 전형적인 사례다. 어떤 현상
의 이유를 그것이 속한 카테고리에서 찾는 방법이다. 이 대
답에서 카테고리는 '이공계 출신'과 'A대학'이다.

하지만 가만히 생각해보라. 이공계 출신이면 모두 논리
적인가? 인문계 출신은 다 논리적이지 않은가? 또 A대학
출신이라도 촌스러운 사람이 있는가 하면, B대학 출신이라
도 세련된 사람은 있기 마련이다.

이런 습관의 가장 큰 문제점은 자신의 머리로 생각하지
않고, 논리의 근거를 시중에 떠돌아다니는 근거 없는 말에
서 찾는다는 점이다. 이런 습관은 일상생활뿐만 아니라 비
즈니스 현장에서도 쉽게 발견된다.

요즘 A사의 실적이 안 좋대 → 제조업이니까 어쩔 수 없지

B사는 좋은 인재를 채용하지 못해 → 중소기업이니까 그렇지

제조업이라도 성장하는 기업이 있고, 중소기업이라도 우

수한 인재를 채용하는 기업이 있다. 왠지 그럴 것이라고 생각하는 일이라도 실제로는 그렇지 않은 경우가 부지기수다. 설사 이런 선입견에 부합하는 경우라 할지라도 이런 카테고리 분류로 원인을 찾아내는 것만으로는 절대 올바른 해결 방법을 찾아낼 수 없다. 카테고리로 분류했다고 해서 논리적으로 설명이 되는 것은 아니기 때문이다. 다시 말해 "왜 그런가?"에 대한 직접적인 대답은 전혀 나오지 않기 때문이다.

생각 습관 ⑤ 키워드에서 생각을 멈추는 습관

깊이 생각하지 않고 그럴싸한 키워드에 매달리는 것도 매우 위험한 일이다. 적절한 키워드를 발견한 것만으로 이해했다는 착각에 빠질 수 있고, 그 즉시 사고가 정지되기 때문이다.

"차별화하자", "경쟁 우위를 확보하자", "고객만족도를 높이자"라는 식으로 키워드 하나로 모든 것을 정리하면 그곳에서 구체성이 사라진다. "BPR(비즈니스 프로세스 혁신)이나 CRM(고객관계관리)이 중요하다"라고 말하는 순간, 추상적인 상태에서 생각은 정지한다. 키워드를 찾아내고 나열

하면, 왠지 제대로 이해한 것 같지만 실제로는 아무것도 모르는 상태로 들어가는 것과 마찬가지다.

한때 유행했던 '블루오션Blue Ocean 전략'이란 말이 좋은 사례다. 그것은 기존의 시장에서 과당경쟁에 피폐해진 기업에게는 매우 듣기 좋은 구호였다. 그래서 당시에는 "블루오션을 찾아야 한다"라는 말이 하루에도 몇 번씩 귀가 따가울 정도로 들려왔다. 그런데 그 말에 매달린 사람 중에 구체적으로 어디에서 무엇을 찾아야 할지 아는 사람이 얼마나 되었을까?

블루오션 전략을 외친 사람들은 하나같이 고객을 위한 새로운 가치를 발견해야 한다는 지극히 당연한 말밖에 하지 않았다. 블루오션 전략의 본래 의미는 새로운 부가가치에 대해 구체적이고 끈기 있게 생각해야 하는 것임에도 말이다. 이건 결코 한마디 키워드로 간단히 끝낼 만한 전략이 아니다.

물론 키워드 자체를 사용하지 말자는 얘기는 아니다. 구체적으로 끈기 있게 생각한 끝에 도착한 키워드는 분명 의미가 있다. 키워드 자체보다 키워드에 도달할 때까지 생각한 시간이나 노력, 그 모든 생각의 과정에 의미가 있기 때문이다. 특히 이런 생각의 과정이 조직 전체 차원에서 이루어졌다면, 그 키워드는 조직 전체가 하나의 목표에 초점을 맞출 수 있게 하는 힘이 된다.

생각 습관 ⑥ 초기 가설을 고집하는 습관

다음은 초기 가설을 고집하는 습관이다. 사실 이것은 가설사고를 할 수 있는 사람이 빠지는 비교적 수준 높은 생각 습관이다. 즉, 효과적이고 효율적인 사고방식에 익숙해진 사람이 이런 함정에 쉽게 빠진다.

가설은 본래 새로운 정보나 발견에 의해 진화하는 법이다. 그러니 초기 가설만 고집하면 진화의 길이 원천적으로 차단된다. 제대로 생각을 해 본질의 일부가 보이기 시작했다고 해도, 거기에 머무른 채 본질의 전체에서는 눈을 돌리고 마는 것이다.

토론 도중에 "그러나……", "하지만……", "다만……"이라는 말을 많이 사용하는 것이 전형적인 증상이다. 이런 말이 반복된다는 건 자신이 계속 초기 가설 안에 틀어박혀 있다는 뜻이다.

"높은 양품률yield이 우리 회사의 비용 경쟁력을 강화하고, 그 결과 이익률도 높아지고 있다"라는 가설을 갖고 있다고 하자. 그런데 누군가가 "외국의 A사는 양품률이 낮음에도 비용 경쟁력이 강하고 이익률도 높다"라고 가설을 허무는 발언을 했다. 이런 경우 많은 사람이 "하지만 외국은 인건비도 싸고, 규모도 작고……"라는 식의 재반론을 제기해서 자신의 초기 가설을 끝까지 유지하려고 한다.

하지만 이는 결코 바람직한 습관이 아니다. 토론을 할 때는 상대의 논점을 받아들여 생각의 폭과 깊이를 더욱 확대해야 한다. "그렇다면 양품률이 비용에 큰 영향을 주지 않는가?"라거나 "양품률에 대한 정의는 두 회사가 같을까?"라는 식의 질문을 통해 상대의 논점과 자신의 가설을 동시에 검증하는 편이 좋다.

이런 검증을 통해 추가 조사를 하면 양품률이 낮은데도 비용 경쟁력이 강한 진짜 이유를 찾을 수 있다. 어쩌면 그 외국 회사는 불량품으로 분류되기는 하나 실제 사용에는 문제가 없는 제품들로 세컨드 브랜드를 만들어 신흥국에 판매하고 있을지도 모른다. 그 결과 겉으로는 양품률이 낮은 것처럼 보여도, 세컨드 브랜드로 돈을 벌기 때문에 이익률은 높을 수 있다.

만약 그렇다면 자사가 취해야 할 전략은 양품률의 개선이 아니라 영업 방침의 수정이다. 하지만 초기 가설을 그대로 고집했다면 이런 새로운 사실을 발견할 수도 올바른 대답을 찾아낼 수도 없다(도표 1-2).

초기 가설을 고집하는 습관 때문에 마케팅에 실패한 사례가 있다. 마케팅을 잘하기로 소문난 글로벌 생활용품 제조업체 P&G의 사례다.

지금으로부터 수십 년 전, P&G가 일본에서 분말세제 신제품을 발매했다. 아직 내가 어렸을 때로, 지금도 그 광고를 기억할 만큼 당시 대대적인 마케팅을 전개했다. 판매 포인트는 뜨거운 물, 미지근한 물, 찬물을 가리지 않고 모든 온도에서 빨래의 때가 빠진다는 것.

나는 어린 마음에 그 광고가 이상해서 견딜 수 없었다. 대부분의 다른 가정에서도 마찬가지겠지만 우리 집에서도 찬물로 빨래하는 것이 보통이었기 때문이다. 그래서 왜 판매 포인트를 '모든 온도'로 정했는지 이해할 수 없었다.

사실 이 제품은 미국에서 공전의 히트를 기록한 제품이다. 미국은 수질이 좋지 않아 찬물을 사용하면 때가 잘 빠지지 않았기 때문에 빨래할 때 뜨거운 물을 사용하는 것이 보통이었다. 따라서 뜨거운 물이 아니라 찬물로 빨래할 수 있는 세제가 있다면 잘 팔리는 것이 당연했다. 그러나 찬물로 빨래하는 것이 당연한 일본에서 이런 판매 포인트가 통할 리 만무했다. 결과는 참혹하기 짝이 없었다.

마케팅을 잘하기로 소문난 P&G도 예전에는 이런 쓰라린 경험을 한 적이 있다. 그 이유는 미국의 성공 패턴을 초기 가설로 삼고 그것을 그대로 고집했기 때문이었다.

생각의 입구 앞에
머무는 습관

일곱 번째부터 아홉 번째 습관은 생각의 입구 앞에서 제자리걸음을 하는 습관이다. 이런 습관을 가진 사람은 자신이 생각하지 않는다는 사실을 제대로 알아차리지 못하는 경우가 많다.

생각 습관 ⑦ 생각하는 목적을 잃어버리는 습관

일곱 번째 습관은 생각하는 목적을 잃어버리는 습관이다. 어떻게 보면 이 습관은 일에 지나치게 몰입할 때 흔히 나타나는 부작용이라고 할 수 있다.

정보를 수집하다 보면 자신도 모르는 사이에 그것 자체

가 목적이 돼서, 무엇을 위해 그 일을 하고 있는지 잊어버리는 경우가 적지 않다. 그러면 수집을 위한 수집이 되고, 자신의 생각은 어딘가로 날아가 버리고 만다. 이래서는 현상의 표층을 벗어날 수 없다.

또한 분석에 빠진 나머지, 분석을 위한 분석을 하는 경우도 있다. 어떤 논점에 대응하기 위한 분석이었는지 잊어버리고 엉뚱한 분석 자료를 만들기도 한다. 이것은 신출내기 컨설턴트에게서 아주 흔히 볼 수 있는 현상이다.

대화하는 도중에 목적을 잊어버리는 경우도 많다. 회의에서 장황하게 이야기하는 도중에 무슨 말을 하려고 했는지 잊어버리는 것이다. 전하고 싶은 메시지가 정확히 정리되지 않았다고나 할까?

이런 습관을 가진 사람들은 상대로부터 "그런데 하고 싶은 말이 뭐죠?"라는 말을 자주 듣는다. 목적을 잊어버린 채 머리가 아닌 손과 입으로 일하는 사람들이다.

생각 습관 ⑧ 프로세스만 돌리려는 습관

여덟 번째는 프로세스를 돌리는 것이 생각하는 것이라고 착각하는 습관이다. 다음과 같은 대화에서 프로세스에

편중된 습관을 엿볼 수 있다.

상사   "고객이 정말로 원하는 것은 무엇이라고 생각하나?"

부하직원   "앙케트 조사를 실시하면 고객이 정말로 원하는 것
을 알 수 있습니다."

영업 활동에서도 이런 대화를 하는 경우가 있다.

영업부장   "신규시장 개척은 어떻게 되고 있나?"

영업사원   "다음 주에 다시 방문해서 기획서 내용을 더 자세하
게 보강하려고 합니다."

이것은 질문에 대한 대답이 아니라 작업 프로세스 보고
에 불과하다. 알맹이가 하나도 없다. 머리를 사용해서 생각
하는 것이 아니라 프로세스만 돌리려고 하는 것이다.

아마 프로세스를 돌리면 자동으로 원하는 답이 나온다고
착각하는 것이리라. 그러나 아무리 프로세스를 돌려도 자
동으로 대답이 나오는 경우는 없다.

애초에 제대로 생각하고 있었다면 대답의 내용은 완전히

달라진다. 신규시장 개척을 예로 들면, "가격 면에서 조금 부담이 되는 것 같은데, 가격을 조금 인하해주면 계약을 진행할 수 있을 것 같습니다"라고 대답하는 편이 훨씬 낫다. 그 대답에는 단순한 작업 프로세스가 아니라 해결책이 들어 있기 때문이다.

또한 첫 번째 질문에 대한 바람직한 대답은 다음과 같다. "고객이 정말로 원하는 것은 대응의 내용이 아니라 신속한 대응이라고 생각합니다. 그것은 고객 앙케트를 통해 명확해질 것입니다." 여기에는 본인의 머리로 생각한 가설이 숨어 있다.

프로세스만 늘어놓아서는 올바른 결과를 이끌어낼 수 없다. 스스로 이런 습관을 가지고 있다고 느낀다면, 의식적으로라도 자신의 머리로 해결책을 생각하는 자세를 가져야 한다.

생각 습관 ⑨ 주체성을 잃어버리는 습관

주체성을 잃어버리는 습관은 본인의 머리로 생각하지 않고, 자기도 모르는 사이에 다른 사람의 머리에 의지하는 습관을 말한다.

이 습관을 가진 사람의 말버릇은 "그건 곧 이런 것이지요", "그래서 이렇게 되지요", "그게 말입니다" 등이다.

자신의 머리로 차분히 생각하지 않았기 때문에 자기주장에 자신감이 없고, 다른 사람, 특히 상사의 결론에 조금 전에 예로 든 말버릇을 덧붙이곤 한다.

예를 들면 다음과 같다.

> 당신   "A제품이 잘 팔리지 않는 이유는 고객이 이미 질렸기 때문이라고 생각합니다."
>
> 상사   "내 생각은 그렇지 않네. 경쟁상대인 B제품이 시장 점유율을 크게 확대하고 있지 않나?

상사가 당신의 말에 브레이크를 건 순간, 당신은 이렇게 대답할지도 모른다.

> 당신   "그렇다면 타사의 C제품도 고전을 면치 못하고 있겠군요."

그 순간 당신의 생각은 이미 어딘가로 날아갔다. 주체적으로 생각하는 당신은 흔적도 없이 사라지고, 상대의 머리에 의지하는 상황에 빠지는 것이다.

다음과 같은 대화에 이르면 절망적이라고 할 수 있다.

상대　"일하는 방법을 크게 바꿔야 할지도 모르겠군."

당신　"맞습니다. 지금의 방법은 효율적이지 않습니다."

상대　"하지만 가장 큰 문제는 역시 경영진이야. 경영진의 방침에 문제가 있어."

당신　"그렇습니다. 역시 문제는 경영진이지요."

마치 개그 프로그램을 보는 것 같지만, 조금만 귀를 기울이면 이런 식의 대화는 여기저기에서 흔히 들을 수 있다.

자신의 잘못된
생각 습관부터 알라

지금까지 누구나 빠질 수 있는 아홉 가지 생각 습관을 소개했다.

현상의 반대를 결론으로 삼는 습관과 일반론에 만족하는 습관은 가장 흔하게 발견되는 초보적인 생각 습관이다. 그리고 생각하는 목적을 잃어버리는 습관과 프로세스만 돌리려는 습관, 주체성을 잃어버리는 습관은 생각하는 입구에도 들어가지 못한 생각 습관이다.

가장 골치 아픈 것은 세 번째에서 여섯 번째까지, 프레임워크에 의존하는 습관, 카테고리에 빠지는 습관, 키워드에서 생각을 멈추는 습관, 초기 가설을 고집하는 습관이다.

앞에서도 말했지만 이 네 가지는 사고법을 배우기 시작한 사람, 또는 경영학의 프레임워크를 배우기 시작한 사람이 빠지기 쉬운 습관이다. 이것은 열심히 하면 할수록 그 습관에 더 빠진다는 딜레마를 가지고 있다.

로지컬 씽킹Logical Thinking이라는 논리적 사고 기술을 배우면 무엇이든 분석하고 싶어지고, SWOT을 배우면 전부 SWOT으로 정리해보고 싶어진다. 또 포지셔닝 맵positioning map을 배우면 전부 포지셔닝 맵으로 정리하게 된다. 이것은 분명 강력한 도구지만, 그곳에서 사고가 멈추면 본말전도가 일어난다. 망치를 들면 모두 못으로 보이는 것과 마찬가지다.

컨설턴트가 되고 싶어 하는 젊은 친구들을 면접할 때, 가끔 특정 상황을 가정해서 토론을 하는 일이 있다. 그때 "매출을 확대하기 위해서는 2가지 방법이 있습니다. 판매 수량을 늘리든지 단가를 높여야 합니다. 그리고 판매 수량에 관해서는……"이라고 말하는 사람을 보면, '아, 로지컬 씽킹의 망치를 사용하기 시작했구나'라고 나는 생각한다. 그리고 대개의 경우 실망을 금치 못한다. 생각을 더 이어나가지 않고, 방법론을 찾은 것에서 끝내려고 하는 태도를 자주 보이기 때문이다.

거듭 말하지만 사고법이나 프레임워크는 어디까지나 도구다. 사람이 도구를 사용하는 것이지 도구가 사람을 사용하는 것이 아니다. 그리고 도구에 정보를 끼워 맞춘다고 해서 통찰할 수 있는 건 결코 아니다.

내 경험에 의하면 대부분의 사람이 이 가운데 네 가지 이상의 생각 습관을 가지고 있다. 그리고 자신은 그 습관에 대해 거의 인지하지 못한다. 하지만 일단 자신의 생각 습관에 어떤 문제가 있었는지를 스스로 깨닫고 나면, 그 습관에서 벗어나기 위해 의식적으로 노력하는 것이 가능해진다.

자신이 내린 결론이 현상의 반대에 불과하다는 생각이 들면, 다른 해답을 찾도록 한 번 더 생각해본다. 키워드에 매달리는 것 같으면, 키워드를 사용하지 않고 상황을 설명해본다. 프레임워크를 사용하고 자기만족을 하고 있다면, 다른 각도에서 다시 생각해본 후에 자기만의 새로운 프레임워크를 만들어본다. 초기 가설에서 생각이 진화하지 않으면 초기 가설의 반증을 생각해보거나 스스로 초기 가설을 부정해본다. 이런 식으로 의식적으로 노력하다 보면, 조금씩 습관을 고칠 수 있다.

습관을 고치는 또 하나의 좋은 팁은 추상적이고 거창한 목표를 세우지 말고 구체적으로 행동하는 데 집중하는 것이다. 물론 인간은 의지가 약하므로, 이 때는 절대 자신의 의지를 신뢰해서는 안 된다. 그러니 의지만 앞세워 습관을 바꾸려 하지 말고, 구체적인 행동을 바꿈으로써 결과적으로 습관이 바뀔 수 있도록 유도하는 것이 좋다.

제2강

겉으로 보이는 것이
다가 아니다

통찰력 사고의 구조

INSIGHT

적어도 뇌는 교육적인 장난감이다.

– 톰 로빈스

샤프의 TV 브랜드 전략이
실패한 이유

제2강에서는 본격적으로 통찰력 사고의 구조에 대해 설명하기로 한다.

앞에서 아홉 가지 잘못된 생각 습관을 확인한 것은 현상에 현혹되지 않기 위해서다. 그래야 '현상 뒤에 무슨 일이 일어나고 있는가?' 또는 '왜 그렇게 되는가?'라는 식으로 질문하는 새로운 습관을 가질 수 있기 때문이다. 올바른 대답이 무엇인지 찾기 전에 한 발짝 뒤로 물러나서 본질을 규명하는 편이 결과적으로 더 효과적인 경우가 많으니까.

다만 제대로 배우고 실천하지 않으면 통찰하는 것은 말처럼 쉽게 할 수 있는 일이 아니다. 나 자신도 그렇게 하지 않은 탓에 지금까지 수많은 실패를 반복해왔다. 부끄러움을 무릅쓰고 내 실패담을 소개하기로 한다. 한심하기 짝이 없는 사례니 마음껏 비웃어도 좋다.

바쁜 일을 끝내고, 오랜만에 여자친구와 느긋하게 데이트를 할 수 있게 됐다. 약속한 시간과 장소에 나타난 그녀가 밝은 얼굴로 내게 물었다.

"오늘 어디 갈까?"

그때 내 머릿속에 며칠 전 그녀가 했던 말이 떠올랐다. 나와 같이 영화를 보고 싶다고 한 말이었다. 나는 그 말을 떠올리고 별다른 생각 없이 대답했다.

"영화 보러 갈까? 어떤 영화 보고 싶어?"

그러자 그녀의 얼굴이 순식간에 뾰로통해졌다.

"뭐, 영화 보자고? 이렇게 날씨 좋은 토요일 낮에 어두운 극장에 틀어박혀 있잔 거야? 난 놀이공원에 가고 싶은데……."

'이건 뭐지? 도대체 어디서부터 잘못된 걸까?'

원인은 예전에 들은 그녀의 말에 내가 단순하게 반응한 탓이었다. 그녀는 분명 영화를 보고 싶다고 말했다. 하지만 그 시점은 평일 밤이었다. 평일 밤이라는 한정된 시간을 의미 있게 보내기에는 영화가 가장 좋겠다고 생각한 거였다.

그러나 우리가 실제로 만난 건 토요일 낮이다. 데이트를 위한 전제 조건이 달라졌고, 그에 따라 여자친구의 사고 구조도 달라졌다. 평일 밤에 할 수 있는 일과 토요일 낮에 할 수 있는 일은 그 범위에서부터 이미 상당한 차이가 나니까.

평일 밤이라는 한정된 시간 안에서는 어떻게 하면 시간을 효율적으로 사용할지를 생각하지만, 주말 낮에는 그때밖에 할 수 없는 일을 하고 싶은 것이 당연하다. 즉, 사고의 출발점이 완전히 달라졌다(도표 2-1). 내가 당시 이런 식으로 생각했다면, "영화 보러 갈까?"라는 말 대신, "토요일 낮이고 날씨도 좋으니, 지금 이 순간을 충분히 즐길 수 있는 걸 하자. 뭐하고 싶어?"라고 말할 수 있었을 것이다.

나는 분명 '그녀가 하고 싶은 것은 무엇인가?'라고 생각했음에도 올바른 대답을 찾지 못했다. 그녀가 한 말을 똑똑히 기억했고, 그게 분명한 근거였음에도 불구하고 잘못된 대답에 도착했다. 그 이유는 현상만 보고 그것을 근거로 삼았기 때문이다.

개인만 이런 실수를 저지르는 게 아니다. 기업 역시 본질을 보지 못해 실수를 저지르는 경우가 많다. 당신도 회사의 방침이 잘못되었다고 생각한 적이 분명 있을 것이다.

회사의 방침은 대부분 경험도 풍부하고 지식도 많은 사람들의 오랜 심사숙고 끝에 정해진다. 그럼에도 불구하고 회사는 왜 엉뚱한 방향으로 나아가고 있을 때가 많을까?

전자기기 제조업체 샤프Sharp도 LCD TV 사업에서 그런 실수를 저질렀다. 한때 미에三重현 가메야마亀山 공장에서 만든 LCD TV는 '가메야마 모델'로 불리며 고품질 TV의 대명사로 자리매김했다. 초반에는 회사의 이런 브랜드 전략이 분명 제대로 통하는 것 같았다.

하지만 그것이 본질을 잘못 판단한 전략이었음이 밝혀지기까지는 그리 오랜 시간이 걸리지 않았다. 아날로그 제품과 달리 디지털 제품인 LCD TV는 다른 회사들이 얼마든지 쉽게 따라할 수 있었고 성능 차이도 크지 않았다. 실제로 몇 년 후 한국 기업이 비슷한 제품을 내놓으면서 세계 시장을 석권했다.

또 LCD TV에서 고객이 원하는 것은 해상도나 화면의 크기와 같은 제품의 기능이지 제품의 브랜드가 아니다. 그러니 LCD TV는 제품 브랜드화도 쉽지 않고, 초반에 브랜드화가 성공했다 하더라도 장기적으로 경쟁 우위를 점유하기는 어렵다. 그런데도 샤프는 '가메야마 모델'이라는 브랜드 강조 전략을 끝까지 유지했다.

물론 TV 분야에서 브랜드화에 성공한 사례가 전혀 없었던 것은 아니다. 1968년 소니의 브라운관 TV '트리니트론 Trinitron'은 분명 훌륭한 성공을 거뒀다. 하지만 만약 샤프가 이것을 염두에 두고 브랜드화 전략을 구사했다면, 그 역시 실패의 지름길로 들어선 꼴이다. 그때와 지금은 비즈니스의 본질이 180도 달라졌기 때문이다.

과거의 아날로그 TV는 누구도 금방 따라할 수 없었고 기능 차이도 확실했다. 한국 기업의 경쟁력도 그렇게 크지 않았다. 시장 또한 크게 확대되고 있는 고도 경제성장의 한가운데에 있었다. 그러니 압도적인 기술력을 바탕으로 브랜드를 만들어내는 것이 효과적이었다.

하지만 지금은 시장 구조도 경쟁사의 기술력도 그때와는 판이하다. 샤프가 경쟁에서 이기기 위해서는 다른 방법을 취해야 했다. 하지만 브랜드 론칭 초반에 LCD TV가 날개 돋친 듯 팔린 현상은 비극적이게도 본질에 뚜껑을 덮어버렸다.

그 결과 샤프는 2012년 이후 여러 차례 구제금융을 받아

왔음에도, 2015년에만 2천억 엔 이상의 적자를 기록하고 대규모의 구조조정을 단행하게 된다. (그러다 결국 2016년 대만 기업 폭스콘Foxconn에 매각된다. −옮긴이)

통찰력 사고의 핵심 키워드,
모델과 다이너미즘

이쯤에서 본질의 정확한 정의에 대해 짚고 넘어가자.

본질이란 무엇인가? 상당히 어려운 질문이다. 사전에서 본질이라는 말을 찾아보면 다음과 같은 설명이 나온다.

사물이 본래 가지고 있는 성질이나 모습.

그것이 없으면 그 사물이 존재할 수 없는 성질이나 요소.

사전을 보니 대충은 알 것 같지만, 그래도 이 설명만으로는 너무 막연해서 가슴으로 이해되지는 않는다.

'본질이란 무엇인가?'라는 질문에 대해 내가 제대로 이해한 것은 MIT에서 공부하며 시스템 다이내믹스를 만났을 때였다.

시스템 다이내믹스에서는 사물의 본질을 현상 뒤에 숨어 있는 구조와 인과로 포착하는데, 그 구조를 '모델', 인과를 '다이너미즘'이라고 부른다(도표 2-2).

여기에서 모델이란 그 현상을 만들어내는 구성요소와 그 구성요소들 사이의 상호관계성을 일컫는다. 예를 들어, 아들에게 참고서를 사주었더니 성적이 올랐다고 하자. 이때 단순히 다음과 같이 생각해서는 안 된다.

참고서를 사준다 → 성적이 오른다

두 현상 사이에 존재하는 진짜 원인이 되는 요소까지 생각해야 한다.

참고서를 사준다 → 그 참고서로 공부를 한다 → 성적이 오른다

이런 모델이 눈에 보이면, 참고서를 사주어야만 성적이 오르는 것이 아니라는 사실을 알 수 있다. 아들을 공부할 수 있도록 만들어주면 다른 방법으로도 얼마든지 성적이 오를 수 있다. 한편 다이너미즘이란 장기적인 관점에서 그 모델이 만들어내는 움직임을 일컫는다. 그러니까 다이너미즘이 눈에 보이면 모델이 시간의 흐름에 따라 움직이는 패턴을 읽을 수 있다.

예를 들어 공부 시간을 하루 한 시간 늘리면 등수가 1단계 올라가는 모델이 있다고 하자. 이 단순한 모델에 따르면 공부 시간을 두 시간으로 늘리면 등수는 2단계 올라간다.

그런데 열 시간을 공부하면 어떻게 될까? 일시적으로는 등수가 올라갈지도 모르지만 아마 오래 지속되지는 않을 것이다. 공부가 싫어지거나 정신적으로 지친 탓에 오히려 등수가 내려갈지도 모른다. 이런 식으로 장기적 관점에서 모델이 만들어내는 움직임을 다이너미즘이라고 한다.

모든 현상의 뒤에는 그 현상을 일으키는 모델과 다이너미즘이 있다. 모델과 다이너미즘의 결과로 현상이 눈앞에 나타나는 것이다. 그러니 통찰한다는 것은 현상 뒤에 숨어 있는 모델과 다이너미즘을 볼 수 있다는 뜻이 된다. 이 사실을 이해하면 통찰이 왜 그렇게 중요한 것인지 그 의미가 명확해진다.

어떻게 40년 전에 성장의 한계를 지적할 수 있었을까

MIT는 미국 매사추세츠^{Massachusetts} 주에 있는 공과대학이다. 찰스 강^{Charles River}을 사이에 두고 보스턴의 맞은편인 캠브리지에 캠퍼스가 있다. 슬론스쿨은 MIT 안에서 경영학을 연구하고 교육하는 기관이다. 당연히 MBA 프로그램도 가지고 있고, 그동안 훌륭한 인재들을 많이 배출해왔다.

공과대학에 설치된 비즈니스 스쿨인 만큼 슬론스쿨은 기술관리, 생산관리, 오퍼레이션 리서치 등 경영공학 분야에 특별한 강점을 갖고 있다. 숫자를 사용하는 과목이 많은 것도 특징이다. 나는 20여 년 전 MIT 슬론스쿨에서 공부를 했고, 그곳에서 시스템 다이내믹스를 만났다.

시스템 다이내믹스의 역사는 뿌리가 깊다. 무려 1950년대까지 거슬러 올라간다. 출발점은 MIT의 제이 포레스터^{Jay} ^{Forrester} 교수가 만든 컴퓨터 시뮬레이션으로, 발상의 밑바닥에는 모든 현상을 시스템으로 포착하려는 의지가 있다.

시스템 다이내믹스에서 가장 획기적인 사건은 MIT 연구진이 로마 클럽에 제출한 연구보고서 『성장의 한계$^{The\ Limits}$ $^{to\ Growth}$』가 1972년 세계적인 베스트셀러가 되면서 명성을 얻은 것이다. 이 책은 인구가 계속 증가하면 천연자원이 고갈되고 환경이 파괴되어 그것이 결국 지구를 파멸로 몰아넣을 거라고 지적한다. 그리고 인류가 계속 지구에서 생존하기 위해 무엇을 어떻게 해야 할지 언급했는데, 바로 그 해답을 찾기 위해 사용한 것이 시스템 다이내믹스였다.

시스템 다이내믹스 이론을 이용해 '세계 모델'을 만들었고, 그 모델을 다양한 조건에서 시뮬레이션하여 인류 사회에 경종을 울릴 수 있었다. 보고서에서 하고 싶은 말은 '성장에서 균형으로'였다. 당시 미국과 유럽 등 선진국은 고도성장의 한가운데에 있었고, 따라서 누구나 밝고 풍요로운 미래를 꿈꿨다. 그런 상황에서 '성장에서 균형으로'라는 메시지는 사람들에게 큰 충격을 안겼다. 위기감을 과장한다며 막연히 거부감을 표시하는 학자도 많았다.

하지만 그것은 현재 우리가 직면한 문제를 미리 예측한 것으로, 아직까지도 신선함이 그대로 남아 있는 획기적인 주장이다. 지구의 자원이 유한하다는 본질을 40여 년 전에 이미 간파한 것이다. 이는 시스템 다이내믹스가 '세계 모델'을 통해 인류사회의 모델과 다이너미즘을 해석해서 본질적인 해답을 찾아냈기에 가능한 일이었다.

시스템 다이내믹스는 다른 의미에서도 혁신을 일으켰다. 대상을 세분화하여 세밀하게 관찰하는 것이 아니라 전체를 통합적으로 조감하는 방법론을 강조했다. 이는 당시까지 주류를 이루던 과학적 방법론인 요소환원주의reductionism에 대한 대립 명제로 작용했다.

요소환원주의의 기본적인 사고방식은 아무리 복잡한 대상이라도 요소로 분해해 각각의 요소를 이해하면 자연스럽게 전체도 이해할 수 있다는 것이다. 이것은 현대과학의 기본적인 접근방식이기도 하다.

물리의 세계에서는 분자를 원자로 분해하고, 원자를 원자핵과 전자로 분해하며, 마지막에는 최소 구성요소인 소립자로 분해한다. 세밀하게 분해함으로써 우주 전체를 이해하고자 한다. 이런 접근법은 많은 장점을 가지고 있지만, 문제점 역시 없지 않다.

사과를 예로 들어 생각해보자. 사과란 무엇인가? 사과의 중량은 약 300그램, 칼로리는 150킬로칼로리, 당질은 40그램 정도. 주요 성분은 85퍼센트가 물이고, 탄수화물이 15퍼센트, 단백질은 0.2퍼센트. 이런 식으로 설명하는 것이 요소환원주의적 접근방법이다.

그러나 이렇게 계속 분해하면 어느 순간 사과는 사과가 아니게 되고, 사과의 본질은 어딘가로 사라지고 없다. 계속 분해해서 요소로 나누면 실물 사과는 어디에서도 찾아볼 수 없다. 다시 말해 사과라는 물질의 본질을 파악하기 위해서는 사과를 사과 그 자체로 보는 일도 중요하다.

비즈니스 세계에서도 마찬가지의 방법으로 접근할 수 있다. 어떤 조직을 이해하려고 하는 경우, 인재의 기술과 조직도, 지휘명령 계통, 승인 과정 등으로 조직을 나누어 각각 분석하면 그 조직에 대해 어느 정도 이해할 수 있다.

하지만 그렇게 해도 알 수 없는 부분이 있다. "도요타^{Toyota} 자동차는 어떻게 혁신할 수 있었는가?"를 이해하려고 할 때, 조금 전처럼 분해해서 이해하는 방식에는 한계가 있다.

전체를 전체로 포착해 각 요소들 간의 관계성을 주목해야
올바른 대답을 찾을 수 있다.

돈을 많이 벌 수 있다는
달콤한 말이 거짓인 이유

모델과 다이너미즘을 '블랙박스' 안에 가둬둔 채 현상에만 현혹되어 있으면, 아무리 시간을 들여 노력해도 바람직한 결과는 나오지 않는다. 언뜻 이치에 맞는 것처럼 보이지만 실제로 대단한 결과를 내지 못하는 경우, 블랙박스 안에 숨어 있는 모델과 다이너미즘에 빛을 비추어야 한다.

예를 들면, 돈을 많이 벌 수 있다는 달콤한 말은 대부분 믿을 수 없는 이야기다. 모델과 다이너미즘을 제대로 알면 그런 말은 결코 성립하지 않는다는 사실을 알 수 있다.

돈을 그렇게 많이 벌 수 있다면 누구에게도 말하지 말고 혼자 몰래 하면 되지 않겠는가? 그러면 말하는 당사자는 굉장한 부자가 될 수 있다. 그런데 그렇게 좋은 기회를 왜 다른 사람에게 주려고 할까? 그렇게 생각하면 그 모델 자체에 의문이 생기지 않을 수 없다.

백 번 양보해서 자신은 돈이 없으니, 다른 사람에게 기회를 주고 싶다는 주장을 받아들인다고 하자. 하지만 그렇게 좋은 기회라면 계속 돈이 굴러 들어와서 처치할 수 없을 정도가 될 것이다. 왜 생판 모르는 사람에게 이런 좋은 기회를 주겠다고 매달리겠는가.

더구나 다른 방면에서도 자기모순에 빠져 있다는 사실을 알 수 있다. 그렇게 좋은 기회를 알고 있고 돈도 많이 벌 수 있는데, 왜 그 사람에게는 돈이 없는가. 상황이 여기에 이르면 이미 모델을 이용해서 설명하는 것은 불가능하다.

그래도 다시 백 번 양보해서 돈을 많이 벌 수 있다는 이야기가 사실이라고 치자. 그런 경우 그 돈이 과연 어디서 나오는가 하는 새로운 의혹이 솟구친다. 새로운 자원을 파내지 않는 이상, 대부분은 제로섬 게임^{zero-sum game}이다. 인과관계를 따지고 들어가면 다른 사람의 이익이 줄어드는 것밖에는 다른 길이 없다.

이런 식으로 모델과 다이너미즘으로 생각하면 돈을 많이

벌 수 있다는 달콤한 이야기가 거짓이라는 사실을 알 수 있다. 이런 이야기에 속아 갖고 있는 것마저 모두 잃게 되는 경우를 주변에서 얼마나 흔히 찾아볼 수 있나.

또한 역설적이게도, 내용이 복잡할수록 모델과 다이너미즘을 이용해 단순하게 생각해야 한다. 내용이 복잡하면 구성요소의 숫자가 너무 많아서, 아무리 분해를 해도 하나하나가 명확히 눈에 들어오지 않기 때문이다.

가장 간단하게 말하면, 인풋과 아웃풋 사이에 있는 블랙박스가 바로 본질이다. 그 블랙박스의 모델과 다이너미즘을 단순하게 포착하면 올바른 대답이 눈에 보인다(도표 2-3).

자세한 내용은 제3강에서 설명하기로 하고, 여기에서는 어떻게 해야 모델과 다이너미즘을 제대로 파악할 수 있는지 그 원리를 간단히 살펴본다.

쓸데없는 것을 가지 쳐낸 개념도에 시간축을 더한다

우선 모델이 무엇인지 살펴보기로 하자. 모델은 쓸데없는 것들을 떼어낸 간단한 그림 한 장을 말한다. 모델을 생각하는 것은 단순한 개념도 한 장을 떠올리는 '우뇌적 작업'이다.

시스템 다이내믹스에서는 '인과 루프 다이어그램Causal Loop Diagram'을 그려 모델을 파악한다. 구성요소는 원이나 사각형으로, 그 구성요소들 간의 관계는 화살표로 표시한다.

기업 간의 경쟁을 예로 들어보자(도표 2-4). A사가 광고비를 늘렸다면, 아마 매출도 증가할 것이다. 그런데 그 영향으로 매출이 줄어든 B사가 자기도 광고비를 늘려 매출을 회복하려고 한다. 그러면 다음에는 또 A사가 광고비를 늘리게 되고 갈수록 경쟁은 치열해진다. 결국 양쪽 모두 광고를 줄일 수 없는 광고 전쟁의 모델이 완성된다.

이런 경우, 광고의 내용이나 수단은 별로 중요한 요소가 아니므로 개념도 안에 포함될 필요가 없다. 그리고 이 루프는 모델 자체를 바꾸지 않는 한 양쪽이 모두 피폐해질 때까지 계속 돌아간다. 이런 식의 모델은 신제품 개발 사이클의 단기화나 영업거점의 확충, 가격인하 전쟁 등에도 그대로 해당된다. 경쟁에 관한 가장 기본적 모델이라고 할 수 있다.

이제 모델로 생각한다는 것이 어떤 일인지 감이 좀 잡히는가? 한마디로 말해 단순화된 그림을 그려 각 요소 간의 상관관계를 파악하는 것이다.

한편 '다이너미즘을 생각한다'는 건 모델에 시간의 축을 더해 향후 움직임을 파악하는 것이다. 앞에서 예로 든 광고비 상승의 모델의 경우 시간이 지나면서 양사의 광고비가 번갈아 늘어나는 다이너미즘을 볼 수 있다(도표 2-5). 다이너미즘의 포인트는 모델 안에 있는 인과관계를 확인해서, 그것이 시간이 지날수록 어떤 패턴을 갖게 되는지를 생각하는 것이다.

미시경제학에서 다루는 가격결정론도 다이너미즘의 시점으로 다시 생각하면 실제 시장에서 가격이 결정되는 과정에 대해 더욱 깊이 이해할 수 있다(도표 2-6). 미시경제학에서는 수요 곡선과 공급 곡선이 만나는 곳에서 가격이 정해진다고 설명한다. 그런데 이 설명만 들으면 왠지 가격이 한 지점에서 쉽게 결정되는 정적인 이미지를 갖게 된다.

한편 시스템 다이내믹스의 사고방식에서는 가격 결정의 다이너미즘을 시간축 위에서 포착하려고 한다. 수요가 증가하면 가격이 올라가고, 가격이 올라가면 공급이 늘어난다. 그리고 공급이 늘어나면 가격이 하락하고, 가격이 하락하면 다시 수요가 증가한다. 이런 식의 되풀이를 시간축에 넣어 생각하면 진동의 패턴이 보인다. 가격을 가만히 정지해 있는 점point이 아니라 생생한 다이너미즘으로 포착할 수 있다.

광고 전쟁 문제를
해결하려면?

다시 강조하지만 시스템 다이내믹스에서는 사물의 본질을 모델과 다이너미즘으로 생각한다. 이는 어떤 문제가 발생했을 때, 그 문제를 해결하기 위해서는 문제를 일으키는 모델과 다이너미즘까지 살펴보려는 자세가 필요하다는 뜻이다.

이런 자세를 가지고 가장 먼저 할 수 있는 말은 "현상의 반대는 결코 답이 아니다"라는 것이다. 현상은 어디까지나 결과이지 원인이 아니다. 원인을 해결하지 않으면 어떤 것도 일시적인 해결책에 불과하고, 아까운 시간과 에너지를 낭비하는 꼴이 되고 만다.

심지어 오늘의 해결책이 내일의 문제를 낳는 경우도 있다. 가령 변비에 걸려 설사약을 먹는다고 하자. 그런데 바로 효과가 나타나지 않아 다시 설사약을 먹는다면 이번에는 설사병에 걸린다. 현상의 반대를 처방해서는 새로운 문제를 만들 뿐이다.

이는 모델 안에 있는 타임래그timelag(효과가 나타날 때까지 걸리는 시간 지체 현상-옮긴이)를 경시한 결과이기도 하다. 재정적자를 해소하기 위해 적자국채를 발행하는 것도 문제를 뒤로 보내서 자식 세대에 더 큰 빚으로 돌아오게 만드는 것일 뿐이다. 커다란 시간축 안에서 미래에 발생할 문제까지 생각해야 올바른 해결 방법을 찾을 수 있다.

문제를 해결하기 위해서는 결국 모델을 바꾸고 다이너미즘을 바꾸는 수밖에 없다. 앞에서 나온 A사와 B사의 광고 전쟁 문제를 해결하려면, 모델 자체를 바꿔 싸우는 무대를 교체하는 노력이 필요하다.

우선 광고를 줄여도 되는 신제품이나 신기술 개발에 포커스를 맞춘다. 그것이 힘들면 강력한 판매 대리점과 제휴해서 광고 경쟁에서 발을 뺀다. 만약 A사와 B사 제품이 내

구소비재라면 애프터서비스에 주력해서 고객의 마음을 사고, 타사 제품까지 수리해서 신규 고객을 확보하는 등 모델과 다이너미즘의 흐름을 바꿔본다(도표 2-7).

기업에서도 다이너미즘을 간과하는 경우는 많다. 앞을 내다보지 못해 실패하거나, 플랜B, 플랜C를 생각해내지 못해 실적 악화에 빠지는 식이다.

삿포로 맥주Sapporo Breweries는 2004년 완두콩을 사용한 '드래프트원'을 발매해 제3의 맥주라는 새로운 장르를 개척하며 매출을 크게 확대했다. 그러나 자본력이 탄탄한 경쟁사인 기린Kirin과 아사히Asahi가 즉시 시장에 대응해 제3의 맥주를 내놓으면서, 삿포로 맥주의 실적은 오히려 크게 악화되고 말았다.

상대의 반격을 받고 즉시 다음 화살을 쏠 수 없었기 때문이다. 이것은 오늘의 해결책이 내일의 문제를 낳은 사례라고 할 수 있다. 즉, 큰 성공이 큰 반동을 초래하면서 실적이 극에서 극으로 달리는 다이너미즘을 낳은 것이다.

그러면 당시 삿포로 맥주는 어떻게 대응해야 했을까? 삿포로 맥주에게 필요했던 건 '드래프트원'이라는 브랜드를 확고하게 만들 수 있는 물리적 시간이었다. 그러니까 성공

속도를 조절해 오랜 시간에 걸쳐 천천히 시장점유율을 확대해나갔다면, 그 시간 동안 '드래프트원' 브랜드를 보다 확고히 만들 수 있었을 것이다. 그랬다면 경쟁사의 영향력을 최소화해 장기적으로 큰 이익을 얻을 수도 있지 않았을까?

프롤로그에서 언급한 내 실패담을 되돌아보자. A사(디자인에 신경 쓴 제품)와 B사(내부 구조를 공개한 제품)의 경쟁에 대해 생각할 때, 올바른 판단을 하기 위해서는 시선이 어느 방향을 향해야 할까?

B사 제품처럼 계속된 기술 혁신이 경쟁력 강화의 핵심이라면, 시선이 머물러야 할 포인트는 그 혁신이 어디에서 어떻게 일어나느냐를 그리는 모델과 다이너미즘이다. 나의 결정적인 실수는 '혁신은 기업이 한다'라는 편견에 사로잡혀서, 고객으로부터 시작되는 혁신의 가능성을 간과한 점이다. 고객의 인풋이 자사 경쟁력에 플러스로 작용하고, 앞으로도 계속 고객과 함께 발전한다는 다이너미즘을 보지 못했다.

고객은 아웃풋을 취하는 데 머무르지 않고 인풋의 근원이 되기도 한다. 그런데도 나는 고객 혁신안을 받아들이는 모델을 보지 못했다(도표 2-8). 만약 이 모델과 다이너미즘을 볼 수 있었다면, 고객 혁신안을 효과적으로 받아들이기 위한 영업부와 개발부의 소통 강화라는 올바른 해답에 도달할 수 있었을 것이다.

'일본의 갈라파고스화'라는 문제를 들어보았는가? 이 문제는 일본의 독자 기술이나 서비스가 일본 안에서만 진화해, 세계의 표준에서 뒤처져 글로벌 비즈니스 기회를 잃어버리는 현상을 가리킨다. 일본의 상황을 외부 환경과의 접촉이 없어 생물이 독자적으로 진화했던 갈라파고스 제도에 비유했다.

세계 표준과 상관없이 일본에서 독자적으로 진화한 휴대전화를 '갈라파고스 휴대전화'라고 부르는 식이다. 갈라파고스화 현상은 휴대전화뿐 아니라 디지털 방송, 컴퓨터, 자동차 내비게이션 등 일일이 헤아릴 수 없을 만큼 보편적으로 나타나고 있다. 왜 이런 현상이 일어나고 있을까?

사람들은 흔히 다음의 두 가지 대답을 내놓는다.

첫째, 기술력이 있는 일본인들이 잇달아 수준 높은 물건을 만들어낸다.

둘째, 일본인 고객들의 요구 수준이 너무 높다.

모두 일리 있는 말이지만, 유감스럽게도 두 가지 이유 모두 현상만 살핀 견해다.

사실 이 문제 뒤에는 '일본 시장의 크기'라는 본질이 숨어 있다. 일본 시장이 충분히 크기 때문에 많은 기술들이 독자적으로 진화할 수 있었다.

우리 발밑에 일본이라는 거대한 시장이 있다 → 글로벌 시장은 처음부터 진지하게 생각하지 않는다 → 비용 경쟁력 없는 수준 높은 제품이 나온다 → 글로벌 시장에 뒤늦게 진출한다 → 외국 기업에 세계 표준을 빼앗긴다 → 이윽고 발밑의 일본 시장도 빼앗긴다

갈라파고스화 현상 뒤에는 이런 모델이 존재한다. 일본보다 인구가 적은 한국이나 대만에서는 갈라파고스화 문제가 거의 나타나지 않는다는 게 좋은 증거다.

일본을 중심으로 생각하는 이상 근본적인 해결은 바랄 수 없다. 문제를 근본적으로 해결하기 위해서는 처음부터 일본이 아닌, 글로벌 시장을 염두에 두고 제품을 개발해야 한다.

지금껏 배운 사고법에
통찰력의 날개를 더하라

현상에 사로잡히지 않고 모델과 다이너미즘으로 생각하면, 로지컬 씽킹이나 가설 사고의 위력도 강화된다. 본질에서 출발한 피라미드 구조 및 가설은 현상에서 출발한 피라미드 구조 및 가설과 질적으로 다르다. 앞서 소개한 고객 혁신안을 받아들이는 모델을 예로 들면, 다음과 같이 생각할 수 있다.

로지컬 씽킹에서 활용하는 '피라미드 로직 트리Pyramid Logic Tree'로 보면, 매출의 확대는 '고객 수의 증가'와 '고객 1인당 매출 증가'로 분해할 수 있다. 또 고객 수의 증가는 '타사 고객을 빼앗아온다'와 '신규 고객을 창조한다'로 분해할 수 있고, 고객 1인당 매출 증가는 '제품의 판매 확대 및 가격 인상'과 '부속품 판매 확대 및 애프터서비스 확대'로 분해할 수 있다. 분명히 논리적이긴 하지만, 이건 현상의 반대를 대책으로 삼은 것에 불과하다.

하지만 같은 '피라미드 로직 트리'를 활용하더라도 모델과 다이너미즘을 그려 전체의 모습을 바라보면, 분해의 내용이 저절로 달라진다. 눈에 보이지 않던 나머지 절반까지 보이므로, '고객이 스스로 연구할 수 있도록 제품을 모듈로 만든다', '고객 아이디어를 받아들이기 위한 고객과의 접점을 늘린다', '개발과 영업의 역할과 소통 방법을 개선한다' 등으로 분해할 수 있다. 이런 방식으로 피라미드를 그리면 더 현실적이고 실효성 있는 대답이 나온다(도표 2-9).

그러면 현상을 분해하는 데 머물러 있던 피라미드가 기업의 진정한 경쟁력 강화를 지원하는 피라미드로 격상된다. 본질에 눈을 돌리라는 말은 이런 식으로 모델과 다이너미즘에 빛을 쏘란 뜻이다.

제3강부터는 통찰력 사고의 과정을 단계별로 소개하고자 한다. 다만 이 책은 시스템 다이내믹스의 해설서가 아니므로, 시스템 다이내믹스에 관해 구구절절 설명하지는 않겠다. 다만 시스템 다이내믹스를 도구로 적극 활용하여 본질을 꿰뚫어볼 수 있는 방법을 차근차근 설명하려고 한다.

여기에서 소개하는 통찰력 사고는 다음의 네 단계로 이루어진다.

1단계, 생각을 눈에 보이게 그린다.
2단계, 과거를 해석하고 미래를 예측한다.
3단계, 모델을 바꿔 해결책을 찾는다.
4단계, 현실에서 피드백을 얻는다.

그러면 이제 통찰력 사고의 각 단계에서 구체적으로 무엇을 어떻게 하면 되는지 하나씩 살펴보자. 그리고 마지막 제7강에서는 통찰력 사고의 정확도를 높이기 위해 일상생활에서 할 수 있는 훈련법을 소개하기로 한다.

생각을
눈에 보이게 그린다

통찰력 사고의 1단계

INSIGHT

나보다 지능은 떨어지는데 판단력이 뛰어난 사람처럼
신경에 거슬리는 이는 없다.

– 돈 해롤드

모델을 그리면 본질이 보인다

통찰하기 위해서는 우선 현상 뒤에 숨어 있는 모델을 해석해야 한다. 모델을 해석한다는 말은 무슨 뜻일까? 한마디로 말해 가장 중요한 것을 가장 단순한 그림으로 표현한다는 것이다.

문제 뒤에 숨어 있는 모델을 그림으로 그려 각 요소들 사이의 인과관계가 눈에 즉시 보이도록 해야 한다. 실제로 손을 움직여 그림을 그림으로써 생각하는 과정을 시각화한다. 머리로만 생각하면 사고는 절대 깊어지지 않는다(도표 3-1). 반면 모델을 그려 자신의 생각을 시각적으로 확인하면 한 단계 더 깊은 곳에서의 사고가 가능해진다.

모델을 그릴 때 요구되는 2가지 조건이 있다. 첫째, 생각해야 할 요소와 요소 간의 인과관계가 포함되어 있어야 한다. 그렇지 않으면 현상을 만들어내는 메커니즘을 고찰할 수 없다.

둘째, 모델을 몇 장에 걸쳐 복잡하게 그려서는 안 된다. 모델을 그리는 목적은 어디까지나 전체의 모습과 구조를 파악하는 것이므로 반드시 한 장에 그려야 한다. 한 장에 그리지 못한다는 건 아직 생각이 충분히 이뤄지지 않았다는 증거다.

몇 년 전 소매업에 정통한 어느 최고경영자와 대화할 기회가 있었다. 그의 이야기를 들으면서 나는 무릎을 치며 감탄했다.

'아, 이 사람은 현상 뒤의 모델을 제대로 보고 있구나!'

그는 당시 혹독한 어려움에 처해 있는 도쿄의 백화점이 10년 안에 반드시 부활한다고 단언했다. 이유는 매우 단순하면서도 설득력이 있었다. 백화점이 도심 지하철역과 바로 붙어 있고, 이미 넓은 부지를 확보하고 있다는 게 그 이유였다.

현재 일본의 인구는 줄어들고 있지만, 도쿄의 인구는 지난 20여 년간 계속 늘고 있다. 부유층도 많다. 그리고 도심의 주요 교통수단은 여전히 지하철이다. 따라서 쇼핑의 트렌드나 비즈니스 모델은 바뀌어도, 도심 지하철역 근처에 있는 대형 백화점은 구조적으로 유리한 위치를 차지하고 있다. 실제 그의 말대로 최근 도쿄 백화점의 실적은 뚜렷한 회복세를 보이고 있다.

세상은 두 가지 루프로
이루어져 있다

시스템 다이내믹스에서는 세상이 두 개의 루프로 이루어져 있다고 생각한다(도표 3-2). 그건 바로 플러스 루프Plus Loop와 마이너스 루프Minus Loop다. 이 책은 시스템 다이내믹스의 해설서가 아니지만 이 두 가지 루프의 개념은 모델을 그릴 때 꼭 알아두어야 하므로, 여기에서 잠시 설명하고 넘어가기로 한다.

먼저 플러스 루프부터 살펴보기로 하자. 플러스 루프는 포지티브 루프Positive Loop라고도 하는데, 과정이 반복될수록 결과가 눈덩이처럼 점점 확대되는 루프를 말한다. 제2강에서 설명한 A사, B사의 광고 전쟁이 전형적인 사례다.

이 루프는 세상 여기저기에 존재한다. 미국이 군비를 확장하면 러시아가 군비를 확장하고, 러시아가 군비를 확장하면 다시 미국이 군비를 확장하는 군비 확장 경쟁도 이 루프다. 또 애인과의 관계가 차갑게 식었을 때, 애인의 사소한 행동이 마음에 들지 않고, 그로 인해 다시 관계가 차갑게 식을 때가 있는데, 이것 역시 플러스 루프에 해당한다.

또 하나는 마이너스 루프다. 마이너스 루프는 밸런싱 루프Balancing Loop라고도 하는데, 한마디로 균형을 취하려고 하는 루프다.

제2강에서 설명한 수요와 가격, 공급과 가격의 루프가 여기에 해당한다. 가격이 상승하면 수요가 감소하고, 수요가 감소하면 가격이 하락한다. 반대로 가격이 하락하면 수요가 증가하고, 수요가 증가하면 가격이 상승한다. 이렇게 왔다 갔다 하면서 서서히 균형점에 다가가는 것이 마이너스 루프다.

모델을 그릴 때 이 두 가지 루프의 차이를 이해하는 것은 매우 중요하다.

플러스 루프와 마이너스 루프를 염두에 두고 '통찰력 칼럼4'에서 소개한 도쿄의 백화점 부활 모델을 그려보면 현상 뒤에 숨어 있는 본질을 보다 쉽게 꿰뚫어볼 수 있다(도표 3-3).

이런 식으로 모델을 생각할 때는 요소 간의 루프가 둘 중 어느 루프인시 구분해야만 그 이후의 다이너미슴과 그 결과로 나타나는 현상에 대해 정확하게 이해할 수 있다.

싱가포르 항공을 성장시킨
모델의 다섯 가지 구성요소

지금부터 모델을 그릴 때 참고할 포인트를 몇 가지 소개한다.

앞에서도 여러 번 강조했지만 본질이란 인풋과 아웃풋 사이에 있는 모델과 다이너미즘이다. 사실 인풋과 아웃풋은 모델과 다이너미즘을 통해 이어져 있음에도, 현상만을 보고 그냥 지나치는 바람에 둘의 관계를 엉뚱하게 해석하는 경우가 많다.

뒤집어 말하면 반드시 확인해야 할 것은 인풋과 본질의 관계와 아웃풋과 본질의 관계다. 그리고 모델에 포함시킬 요소를 다면적으로 포착하려는 자세가 매우 중요하다.

이런 관점에서 볼 때, 모델을 그릴 때 반드시 생각해야 할 요소는 다섯 가지다. 인풋, 아웃풋, 경쟁 관계, 협조 관계, 영향자가 그것이다.

일의 성과를 예로 들어 생각해보자.

인풋은 모델에 투입되는 요소를 말한다. 업무에 있어서는 자신의 시간이나 기술 등이 이에 해당한다. 더 구체적으로 들어가면 그런 것을 투입할 수 있게 만드는 자신의 건강 상태나 지금까지 쌓아온 노력 등도 여기에 포함된다.

아웃풋은 모델에서 나오는 결과를 말하는데, 고객에 대한 서비스나 상사에 대한 보고서 등이 이에 해당한다.

경쟁 관계는 인풋과 아웃풋을 두고 경쟁하는 상대로, 좁게 보면 회사의 동료이고 넓게 보면 비슷한 일을 하는 타사의 직원도 포함된다. 이 관계에서는 선의의 경쟁을 통해 함께 성장하는 경우도 있고, 광고 전쟁처럼 서로 에너지만 소모하는 경우도 있다.

협조 관계는 서로의 부족한 점을 보완해주거나 함께 일함으로써 시너지 효과를 낼 수 있는 상대를 말한다. 좁게 보면 상사와 부하직원, 넓게 보면 일의 효율을 높이기 위한 각종 도구나 자신을 응원해주는 가족까지 포함된다.

영향자는 모델 전체에 큰 영향을 미치는 간접적인 요소를 말하는데, 사장이나 인사부장 등이 여기에 해당된다. 영향자로 인해 변화의 속도가 빨라지거나 때로는 아예 모델이 바뀌기도 한다.

비즈니스 문제를 해결하기 위해 모델을 그릴 때는 적어도 이 다섯 가지, 그러니까 인풋, 아웃풋, 경쟁 관계, 협조 관계, 영향자의 관점에서 전체를 살펴보아야 한다. 이런 요소를 염두에 두고 그 사이의 관계성을 차분히 생각하면 정확도가 높은 모델과 올바른 대답에 가까이 갈 수 있다.

만약 모델을 그린 다음에 뭔가 빠졌다는 생각이 들면 이 다섯 가지 요소 중에 잊어버린 것이 없는지 확인해보자.

싱가포르 항공Singapore Airlines은 이 다섯 가지 요소가 잘 어우러져서 성장한 항공사라고 할 수 있다(도표 3-4).

2층짜리 비행기인 A380 등 최신 항공기를 도입함과 동시에 아름답고 매력적인 스튜어디스(인풋)가 수준 높은 기내 서비스를 제공하면서 동남아시아의 허브라고 할 수 있는 싱가포르까지 이동할 수 있게 해준다(아웃풋). 싱가포르의 창이공항Changi Airport은 수속 이후의 시간이나 환승 시간을 의미 있게 보낼 수 있도록 상업시설과 레저시설을 확보해 매력적인 공간으로 탈바꿈했다(협조 관계).

또 싱가포르 자체가 아시아의 허브 역할을 하고 있는 것이나, 싱가포르 항공과 창이공항이 면밀하게 연계하는 것 등은 정부의 역할 덕분이라고 할 수 있다(영향자).

같은 아시아권에 일본, 한국, 홍콩의 항공사 등 여러 경쟁 상대가 있지만, '정부-공항-항공사'의 강력한 연계 플레이로 인해 경쟁력 확보에 성공했으며, 최근에는 전 세계적으로 유행하는 저가 항공사와도 멋지게 공존하고 있다(경쟁 관계).

일본차, 한국차, 독일차는
어느 레이어에서 싸우나

모델을 그릴 때의 두 번째 포인트는 '두께를 늘리는 방향'으로 생각하라는 것이다. 모델을 그릴 때는 레이어^{layer}라는 계층구조까지 고려하는 자세를 가져야 한다. 레이어를 염두에 둔 상태에서 모델을 그리면 본질을 한층 깊이 이해할 수 있다.

이렇게 말하면 모델을 종이 한 장에 그리라는 말과 모순된다고 여길지도 모르지만, 결코 그렇지 않다. 모델을 종이 한 장에 그리되, 어디까지나 그것을 구성하는 다양한 층위를 함께 보아야 한다는 뜻이다.

두께를 늘리는 것이 무슨 말인지 모르는 분을 위해 한 가지 예를 들어보겠다.

당신이 어떤 운동을 열심히 하고 있다고 가정하자. 그 운동의 대회에 참가한다면 어떻게든 좋은 성적을 남기고 싶을 것이다. 승리라는 아웃풋을 만들어내기 위해 당일의 날씨도 생각하고, 대전 상대의 정보도 알아보고, 실제로 어떻게 게임을 풀어갈지 팀원들과 작전도 짤 것이다. 경기에 들어가기 전에는 타우린과 카페인이 함량된 에너지 드링크를 마실지도 모른다. 이미 눈치 챘겠지만 이것들이 조금 전에 말한 다섯 가지 구성요소다.

한편 레이어로 생각해보면 다른 것이 보인다. 즉, 시합이라는 레이어 아래에 깔려 있는 다른 레이어 차원에서 준비해야 할 것들이 눈에 들어온다는 뜻이다.

가령 '기술층'에서 생각하면 경기에 임하기 전 필살기를 만들어둘 수 있고, '체력층'에서 생각하면 스피드나 지구력을 늘리는 방법도 생각할 수 있다. 이 경우 레이어는 '경기-기술-체력'의 3층 구조로 되어 있다.

당연히 경기 자체의 레이어에서만 생각할 때보다 더 효과적이고 본질적인 방법을 찾을 수 있다. 생각의 두께를 늘림으로써 승리라는 아웃풋을 만들어낼 가능성까지 높이는 것이다.

이번에는 자동차 산업을 살펴보도록 하자(도표 3-5).

자동차 업계에서는 규모가 중요하기 때문에 독일의 메르세데스 벤츠Mercedes-Benz와 미국의 크라이슬러Chrysler가 합병 (나중에 해소)하거나 일본의 닛산Nissan과 프랑스의 르노Renault 가 제휴를 맺는 등 경쟁 및 협조 관계가 꽤나 복잡하게 뒤얽혀 있다.

또한 독일의 보쉬Bosch나 일본의 덴소Denso 같은 부품업체 가 자동차의 핵심 부품을 제조하는 기술력을 확보해 영향 력을 키우는 등 매우 흥미롭고 역동적인 다이너미즘을 낳고 있다.

하지만 이들의 움직임을 단층의 모델로 그리지 않고, 레이어를 더해 그려보면 더 깊은 이해에 도달할 수 있다. 가령 '업계층'에 '자동차 제조층'과 '차를 만들기 위한 조직층' 등 다른 계층까지 받아들여서 한 가지 모델을 그려나가면 경쟁의 진짜 움직임이 눈에 보인다.

일본 자동차 업체를 추월하기 위해 달려온 한국의 현대자동차는 경쟁력 향상 속도를 높이기 위해 고객의 눈에 가장 먼저 띄는 디자인에 모든 역량을 쏟으며 시장점유율을 확대해왔다. '자동차 제조층'에서 싸운 것이다.

또 독일의 폭스바겐Volkswagen은 일본 기업의 주특기인 제품 개선과 계열사 간의 협조에 대항하기 위해 레고 블록을 조립하듯 차를 만드는 새로운 제조 방식을 10여 년에 걸쳐서 완성했다. 그 덕분에 현재 급속히 경쟁력이 강해지고 있는데, 이것도 '자동차 제조층'에서의 싸움이다.

한편 독일의 BMW는 한 대당 브랜드 가치가 가장 높은 자동차 업체라는 찬사를 받고 있는데, 그러기 위해 럭셔리함을 실현하고 표현할 수 있는 인재를 채용하는 데 오랜 기간 집중했다. '앞질러 가는 기쁨'이라는 브랜드 가치를 수십 년에 걸쳐 조직에 뿌리내리게 한 것이다. 이것은 자동차 제조층보다 더 밑에 있는 '차를 만들기 위한 조직층'에서의 싸움이다(도표3-5).

이런 식으로 레이어를 머릿속에 두고 생각하면 보다 다양한 관점에서 문제를 파악하고 해결할 수 있는 모델을 그려낼 수 있다.

만약 '자동차 제조층'에서만 살펴보면 BMW의 본질적인 강점을 간과할 우려가 크다. 가장 깊은 곳에 있는 조직층까지 생각할 필요가 여기에 있다. 그러면 고객들이 BMW라는 브랜드를 전폭적으로 신뢰하기 때문에, 다른 회사가 결코 하루아침에 BMW를 따라올 수 없다는 사실을 깨달을 수 있다.

인과관계는 주목하고
상관관계는 무시한다

모델을 그릴 때는 인과관계와 상관관계의 차이에 주의해야 한다. 인과관계는 두 요소 사이에 원인과 결과라는 논리적인 관계가 존재하는 것이고, 상관관계는 두 요소 사이에 관계가 있는 것처럼 보이지만 실제로는 원인과 결과라는 논리적인 관계가 없는 것이다.

정말로 인과관계가 있는지, 아니면 우연히 관계가 있는 것처럼 보일 뿐인지에 따라 결과는 크게 달라진다. 두 요소 사이에 인과관계가 없을지도 모른다는 생각이 들면 그 뒤에 숨어 보이지 않는 제3의 요소를 찾아야 한다.

가령 '영어를 잘하는 직원이 일을 잘한다'라는 생각이

들면, 그것이 인과관계인지 상관관계인지 따져본다(도표 3-6). 어쩌면 열심히 노력하는 사람이 영어도 잘하고 일도 잘하는 결과를 만들었을 뿐, 영어를 잘하는 것과 일을 잘하는 것 사이에는 아무런 인과관계가 없을 수도 있다.

여기에는 '열심히 노력하는 사람'이라는 제3의 요소가 숨어 있다. 이런 경우에는 직원들에게 아무리 영어 공부를 시켜도 업무 능력이 향상되지 않는다. 모델을 그릴 때 중요한 것은 당연히 인과관계다. 상관관계는 모델에 넣을 필요가 없다.

자신이 그린 모델을
검증한다

자신이 생각한 모델이 본질에 다가갔는지, 아니면 엉뚱한 곳에서 헤매고 있는지 확인하려면 어떻게 하는 것이 좋을까? 가장 좋은 방법은 시점을 바꿔 생각해보는 것이다.

일단 상대의 입장에서 생각해본다. 그러면 눈에 보이는 세계가 180도 달라진다. 또는 제삼자가 되어서 90도 옆에서 바라본다. 그러면 냉정하고 객관적인 시점을 유지할 수 있다. 여러 입장으로 주어를 바꾸어 자신이 만든 모델을 바라보면 모델의 질은 반드시 좋아지게 마련이다.

혼자 머릿속에서 다른 사람의 입장이 되어보는 일이 익숙하지 않은 사람에겐 더 좋은 방법이 있다. 자신이 생각한 모델을 다른 사람에게 보여주고 의논하면 된다.

생각이 100퍼센트 동일한 경우는 거의 없다. 대부분 자신의 생각과 다른 사람의 생각에는 커다란 차이가 있다. 따라서 다른 사람에게 자신의 생각을 터놓고 의논하면 그의 시점을 받아들일 수 있고, 자신이 만든 모델의 타당성을 확인해볼 수 있다. 더 깊이 생각하는 좋은 기회로 이어진다.

이때 조심해야 할 것은 초기 가설을 고집하는 습관이다. 다른 사람과 의논할 때 피해야 할 것은 '하지만……', '그러나……', '다만……'이라고 말하는 습관이다. 그런 습관에 빠지면 모처럼 새로운 시점으로 볼 수 있는 기회가 와도 모두 허사가 되어버린다.

가능하면 혼자 주어를 바꿔 생각할 때처럼 180도 다른 관점에서 얘기해줄 수 있는 사람, 90도 다른 관점에서 얘기해줄 수 있는 사람과 의논하는 편이 좋다. 또 주변에 평소 깊이 생각하고 정확하게 판단하는 사람이 있으면, 그런 사람에게 생각을 말하는 것도 좋다. 초기 가설을 고집하는 습관만 버릴 수 있다면, 짧은 대화만으로도 좋은 결과를 얻을 수 있다.

내 주변에는 우수한 선배 컨설턴트가 많이 있다. 특히 전략 컨설턴트로 시작해서 최고전략책임자(CSO), 최고마케팅책임자(CMO), 최고운영책임자(COO) 등 각 기업의 '부문별 최고책임자'가 된 선배들은 대개 경험도 풍부하고 배경도 다양하다.

그래서 나는 생각해낸 모델을 확인하고 싶을 때나 더 깊이 생각하고 싶을 때는 그들의 사무실을 돌아다니며 5분간 모델을 설명하고(물론 비밀 정보는 감춘 채), 10분간 그 사람의 생각을 듣고 있다.

이런 식으로 다섯 개에서 열 개 사무실을 돌아다니면, 내가 생각한 모델의 타당성에 대해 완벽하게 확인할 수 있을 뿐 아니라, 사고의 폭이 넓어지고 생각도 깊어진다.

그리고 마지막으로 자신의 생각이 재미있는지 재미없는지를 확인해야 한다. 모델이 본질에 다가갈수록 내용은 흥미로울 수밖에 없다. 눈에 보이지 않았던 것이 눈에 보이면 누구나 신선한 충격을 받음과 동시에 가슴 뛰는 흥분을 느낀다. 매너리즘에 빠져 현상의 반대를 결론으로 삼는 일에 재미를 느낄 리 없지 않은가.

견고했던 고정관념이나 암묵의 전제가 무너질 때도 사람은 재미를 느낀다. 개그맨의 반전 개그를 보면 웃음이 터지

듯이 사람들은 생각지 못한 의외성에서 재미를 느끼는 법이다.

사람이 재미를 느끼는 또 하나의 경우는 사물을 동적으로 포착할 때다. 단순히 정지되어 있거나 가만히 있는 모델에서는 별다른 재미를 느끼지 못한다. 다시 말해, 사람이 재미를 느끼는 것은 시간의 흐름에 따라 모델이 움직이는 역동적인 다이너미즘이다.

이런 식으로 재미가 있느냐 없느냐는 좋은 모델이냐 아니냐를 판단하는 최종 판단 기준으로 활용할 수 있다.

과거를 해석하고
미래를 예측한다

통찰력 사고의 2단계

INSIGHT

지식을 얻으려면 공부를 해야 하고,
지혜를 얻으려면 관찰을 해야 한다.

– 마릴린 보스 사번트

중고차 판매 증가가 신차 판매 축소로 이어지지 않는 이유

    현상을 만들어내는 모델이 눈에 보이면 다음에는 그 모델이 앞으로 어떻게 움직일지 생각해본다. 머릿속으로 혹은 직접 손으로 그린 모델이 어떤 인과관계에 의해 어떤 다이너미즘을 만들어낼지 생각해보는 것이다. 그 다이너미즘을 이해할 수 있으면 일시적인 처방이 아닌, 본질적인 해결책을 생각해낼 수 있다.

    다이너미즘은 정지된 그림 안에 존재하지 않는다. 다이너미즘을 생각한다는 건 자신이 그린 모델에 시간의 축을 더해, 그 모델이 앞으로 어떻게 움직이는지를 예측하는 것이다.

중고차 판매와 신차 판매의 관계를 생각해보자. 단순하게 생각하면 중고차 판매의 증가는 신차 판매의 축소로 이어질 것 같다(도표 4-1). 자기잠식효과^{cannibalization effect}(한 기업의 신제품이 기존 주력제품의 시장을 잠식하는 현상-옮긴이)처럼 자사의 중고차가 자사의 신차 시장을 잠식해서 매출 악화로 이어질 것만 같다는 얘기다.

하지만 현실은 그렇게 단순하지 않다. 실제로 운전을 처음 시작하는 사람은 중고차를 구입하는 경우가 많다. 정지된 그림 안에서만 보면 이 사람이 신차가 아닌 중고차를 구입하므로 신차 판매가 줄어들 거라고 생각할 수 있다.

하지만 오랜 시간축을 두고 생각해보면 중고차를 구입한 사람은 언젠가 신차 고객이 된다. 즉, 현재의 중고차 구매는 미래에 신차를 구매할 수 있는 잠재 고객의 탄생이라고 할 수 있다.

또 특정 제조사의 중고차에 만족한 사람은 다음에 같은 제조사의 신차를 구입할지도 모른다. 그렇다면 좋은 중고차를 판매하는 것이 자사에 유리하게 작용한다. 더구나 중고차 가격을 올리기 위해 노력하면, 급격한 감가상각의 불안 때문에 신차 구매를 망설이는 고객들이 그 불안이 해소

되어 더 편한 마음으로 그 제조사의 신차를 사게 된다.

이런 식으로 정지해 있던 그림에 시간축을 더하면 중고차와 신차가 서로 같은 시장을 놓고 싸우는 경쟁적인 관계가 아니라는 사실을 알 수 있다. 단기적으로는 중고차 판매에 시장을 빼앗긴다고 해도 장기적으로 보면 반드시 신차 판매에 도움이 된다. 서로 도움을 주고받으면서 발전하는 관계인 셈이다(도표 4-2).

이런 식으로 한 가지 문제의 본질을 확인하기 위해서는 모델을 만들어 1회전 결과를 관찰하는 데서 그치지 말고, 그 모델이 오랜 시간축 안에서 수차례 회전하면 어떤 결과로 이어지는지를 생각해야 한다.

이런 작업을 거치지 않으면 제대로 된 모델을 그렸다고 해도 사물의 본질을 잘못 파악하게 된다. 지금의 사례라면 '신차를 팔기 위해서는 되도록 중고차를 팔지 말아야 한다'라는 올바르지 않은 결론이 나오고 만다.

모델이 시간이 흐름에 따라 움직이는 다이너미즘에는 여러 가지 패턴이 있다. 지금 눈에 보이는 현상은 그 패턴에 있는 한 시점의 스냅사진에 불과하다. 때문에 본질에 다가가서 통찰력 있는 대답을 찾기 위해서는 패턴을 읽을 줄 알아야 한다.

다이너미즘이라는 말에는 기본적으로 시간 개념이 포함되어 있다. 시간축이 없는 다이너미즘은 있을 수 없다. 이사실을 이해하면, 그래프를 그릴 때 다이너미즘의 가로축에 시간을 두고, 세로축에 열쇠가 되는 지표를 두어야 함을 알 수 있다.

열쇠가 되는 지표에서 가장 중요한 것은 아웃풋이다. 즉, 시간의 흐름에 따른 아웃풋의 패턴이 가장 기본적인 다이너미즘이라고 할 수 있다.

아웃풋 외에도 모델 안에 있는 중요한 항목은 세로축의 지표로 들어올 수 있다. 신차와 중고차 판매의 사례에서는 아웃풋인 판매 대수 이외에도 '신차와 중고차의 합계 보유 대수'라는 지표가 어떤 패턴을 보이는지 확인해야 한다. 중고차 판매가 신차 판매로 이어지면 시장에 돌아다니는 전체 차의 대수도 증가하기 때문이다.

또 세로축에는 자동차 대수 같은 절대치를 놓아도 좋고, 시장점유율 같은 비율을 놓아도 좋다. 또한 엄격하게 측정하기는 힘들겠지만, 조직의 활성화나 브랜드의 가치 같은 질적인 지표를 놓아도 좋다.

다이너미즘의 대표적인 패턴으로는 '에스컬레이트', '성장과 쇠퇴', '진동', 'S자 커브', '라이프 사이클', '목표 달성'의 여섯 가지를 들 수 있다(도표 4-3). 플러스 루프가 강하면 상승이나 성장의 패턴이 되는 경우가 많고, 마이너스 루프가 강하게 작용하면 어딘가로 떨어지는 쇠퇴의 패턴이나 목표를 달성하는 패턴이 되는 일이 많다. 그리고 만약 욕실의 크기, 유한한 지구 자원, 자신의 시간 등 양적인 요소에 한계가 있는 경우라면 라이프 사이클이나 S자 커브 패턴이 되는 일이 많다.

가게 앞 통행량은 플로,
체류 시간은 스톡

다이너미즘을 활용하기 위한 첫 번째 포인트는 스톡stock
과 플로flow의 차이를 구분하는 것이다. 둘의 차이를 쉽게
이해하기 위해서는 욕조에 있는 물을 생각하면 된다.

수도꼭지를 통해 흘러나오는 물은 플로이고, 욕조에 쌓
여 있는 물은 스톡이다(도표 4-4). 꽃가루 알레르기도 스톡
과 플로에 대해 쉽게 이해할 수 있는 사례다. 체내에 꽃가
루가 쌓여서 어느 기준을 초과했을 때 꽃가루 알레르기 증
상이 나타난다. 눈이나 코 등의 점막에 닿아 체내에 흡수되
는 양이 플로이고, 그렇게 체내에 쌓인 양이 스톡이다.

비즈니스 세계에서도 스톡과 플로는 명확히 구분돼야 한

다. 다시 자동차 판매의 사례를 생각해보자. 자동차가 이제 막 보급되기 시작한 신흥국에서는 매년 새로운 사람이 차를 얼마나 사느냐가 판매 대수에 가장 큰 영향을 미치는 요소다. 한마디로 플로의 사고방식이 중요하다.

반면 극단적으로 말해 운전할 수 있는 모든 사람이 자동차를 보유하고 있는 나라에서는 차를 바꾸는 사람만이 고객이 되기 때문에, 지금 시장에 차가 몇 대 돌아다니느냐 하는 스톡의 사고방식이 중요하다.

또한 광고비와 같은 비용은 신흥국과 선진국에 관계없이 판매 대수에 비례하기 때문에 플로로 생각해야 하고, 자동차 정비와 같은 애프터서비스 매출은 시장에 돌아다니는 자동차 보유 대수가 중요하기 때문에 스톡으로 생각해야 한다. 이런 식으로 다이너미즘을 생각할 때는 스톡인지 플로인지를 구분할 줄 알아야 한다.

예전 스타벅스에서 근무할 때, 대표이사로부터 고개가 끄덕여지는 이야기를 들은 적이 있다. 플로와 스톡의 사고 방식과 일맥상통하는 점이 있으므로, 여기서 잠시 소개하겠다.

그는 새 점포를 출점할 때는 점포 앞 통행량도 중요하지만, 그보다 더 중요한 것은 사람들의 점포 앞 체류 시간이라고 말했다. 황급히 점포 앞을 지나가서는 아무런 의미가 없다는 얘기였다. 이때 점포 앞 통행량은 플로이고, 체류는 스톡이다. 시내 번화가에서는 사람이 체류해서 스톡이 될 수 있지만, 주택지와 지하철역을 잇는 큰 간선도로는 단순한 플로에 불과하다.

최근 플로를 스톡으로 멋지게 바꾼 광고기법을 발견했다. 시나가와品川 역 내부 통로에 있는 전자간판이다. 그곳에는 똑같은 광고가 일렬로 쭉 늘어서 있다. 만약 광고가 하나밖에 없었다면 지나가는 사람의 기억에 남는 일은 별로 없었으리라. 하지만 똑같은 광고가 수십 장 늘어서면서 영향력이 생기고 사람들의 기억에 남게 되었다.

하나하나의 광고가 모두 다르다면 플로가 되어 사람들의 기억 속에 머무르지 못하고 그냥 흘러가 버렸겠지만, 통로 전체에 광고를 함으로써 스톡이 되어 사람들의 기억 속에 튼튼하게 자리 잡았다. 시나가와 역의 이 전자간판은 한 달에 최대 5천만 엔을 버는 인기 광고 플랫폼이라고 한다.

기업 규모와 이익률 사이의 비선형 관계

다이너미즘을 생각할 때 스톡과 플로 이외에도 중요한 포인트가 몇 가지 더 있다. 이번에 설명할 포인트는 비선형 nonlinear 이다.

왠지 어렵게 느껴지는 말이지만 실은 주변에서 흔히 볼 수 있는 현상이다. 비선형을 이해하려면 일단 선형 linear 에 관해서 알아야 한다.

선형이란 '공부를 하면 → 시험 점수가 올라간다' 라든지 '북쪽으로 가면 → 추워진다'라는 관계성을 가리킨다. 한마디로 말해 비례관계다. 반면에 비선형이란 비례관계가 성립되지 않는 상황을 의미한다.

예를 들면 '나이를 먹는다 → 키가 자란다'라는 관계는 사춘기를 지난 이후부터 성립되지 않는다. 따라서 이 관계는 비선형이라고 할 수 있다.

기업의 규모와 이익률 사이에도 비선형 관계가 성립한다(도표 4-5). 일반적으로 매출이 커지면 이익률도 높아질 것처럼 보인다. 그래서 '규모가 커진다 → 이익률이 높아진다'라는 비례관계도 성립할 것 같다는 생각이 든다.

물론 그럴 만한 이유도 몇 가지 있다. 기업이 성장해서 규모가 커지면 규모의 경제가 작동한다. 또 규모가 커지면 다른 회사보다 좋은 조건으로 원재료를 살 수도 있고, 브랜드가 알려진 만큼 고객의 신뢰도가 높아져서 가격을 비싸게 책정할 수도 있다. 그만큼 이익률도 올라간다.

하지만 동전의 반대쪽도 봐야 한다. 규모가 커지면 마이너스 효과도 나타난다. 성장을 위해 이익이 되지 않는 고객에게까지 비즈니스를 확대한 탓에 오히려 이익률이 떨어질 수도 있다. 또 돈을 벌지 못하는 새로운 비즈니스에까지 손을 댈 수도 있고, 조직 시스템이 급격한 성장을 쫓아가지 못한 나머지 관리의 비효율이 나타날 가능성도 있다. 더구나 규모를 확장하면 그 식상함 때문에 오히려 브랜드 이미

지가 저하하거나, 혹은 꼼꼼한 관리가 어려워져 제품과 서비스 품질이 떨어질 우려도 있다.

따라서 규모가 커진다고 반드시 이익률이 올라가는 것은 아니다. 그러니 나이너미즘도 날라져야 한다. 규모를 추구한 전략은 언젠가 벽에 부딪힐 게 뻔하기 때문이다. 'A는 곧 B'라는 단순한 논리만으로는 비선형의 관계를 이해할 수 없다.

기업 문화의 차이가
작용과 반작용의 차이를 만든다

세 번째 포인트는 작용과 반작용을 생각하는 것이다. 작용은 최초의 액션action을 말하고, 반작용은 그것에 대한 주위의 리액션reaction을 말한다. 앞에서 설명한 광고 전쟁 사례에서 A사의 광고비 확대는 작용이고, 그것에 대한 B사의 광고비 확대는 반작용이다.

평소 많은 사람이 경험하는 작용과 반작용의 사례로는 '열심히 다이어트를 한다 → 요요 현상으로 더 뚱뚱해진다'를 들 수 있다. 작용과 반작용의 사례는 직장에서도 흔히 찾아볼 수 있다. '동료를 차갑게 대한다 → 반대로 차가운 대접을 받는다', '상대를 인정한다 → 나도 인정받는다' 등

작용과 반작용은 도처에 널려 있다. 기업 간의 경쟁에서도 작용과 반작용은 흥미로운 다이너미즘을 낳는다.

일본 기업과 미국 기업의 문화 차이는 작용과 반작용의 차이로도 이어진다. 이 작용과 반작용의 차이가 곧 나이너미즘의 차이인데, 다음의 흥미로운 사례를 통해 그 차이를 확인해보자.

일본 기업의 가장 큰 장점으로 '중간 관리자로부터의 혁신Middle Up Down'을 드는 사람이 많다. 팀장급의 중간 관리자가 지식의 흐름이 교차하는 지점에 서서 위의 경영자와 아래의 직원을 끌어들여 변화를 도모하는 경우가 많다는 얘기다. 이는 일본인 특유의 성실성과 결합해 절묘한 조직 운영으로 이어진다. 이런 강한 조직력은 타사와의 경쟁 속에서 좋은 제품을 싸게 만들려고 끊임없이 노력하는 일에도 빛을 발한다.

분명 이것 자체는 좋은 현상인 것 같지만, 사실 그 안에는 커다란 문제가 숨어 있다. 이런 특징은 환경 변화가 적을 때만 효과적으로 작용한다. 하지만 커다란 환경 변화에 직면했을 때는 각 기업뿐만 아니라 산업 전체가 공멸할 위험성까지 갖고 있다.

조직력이 강한 일본 기업은 약간의 환경 변화에는 충분히 견딜 수 있다. 다시 말해, 환경 변화라는 작용에 대해 개선하고 견딘다는 반작용을 한다. 또한 경쟁자의 움직임이라는 작용에 대해 지지 않겠다는 노력으로 똑같은 위치에 올라서는 반작용을 한다. 이런 식으로 문제를 극복하며 성장한다.

그러나 환경 변화가 극단적으로 커지면 이런 노력으로는 도저히 대응할 수 없다. 그러다 결국 견디지 못해 쓰러진다. 더 심각한 것은 각 기업이 비슷한 작용과 반작용을 한 결과, 모두 사이좋게 공멸한다는 점이다.

이것은 가전 업계나 반도체 업계에서 실제로 일어난 일이다. 여기에서 태어나는 다이너미즘은 오랜 번영과 성장에서 처참한 나락으로 급격히 떨어지는 패턴이다.

반대로 미국 기업은 타사의 대책이라는 작용에 대해 다른 방법으로 반작용을 한다. 어떤 문제가 발생해도 타사와는 다른 방법으로 대응하려 한다는 뜻이다. 혁신에 대해서도 훨씬 개방적이다.

경쟁사에 대해 비교 우위에 서려고 노력하지 않는 만큼, 일본 기업보다 조직력은 약하다. 악착같이 노력하려는 마음이 없으므로 환경 변화가 적을 때는 기업의 체질도 약화된다. 그런데 커다란 환경 변화가 일어나면, 무조건 견디는 것이 아니라 완전히 다른 것을 목표로 삼는다.

이런 식으로 각 기업이 제각기 다른 전략을 사용하는 덕분에 한꺼번에 쓰러지는 일은 결코 없다. 즉, 미국 기업이 일본 기업에 비해 환경 변화에 대한 적응력이 더 높다고 할 수 있다. 따라서 일본 기업과 달리 급격한 업다운이 없는 패턴으로 환경 변화에 적응해간다(도표 4-6).

작용과 반작용에 의해 기업 안에서 불합리한 일이 생기는 다이너미즘도 있다.

어떤 조직이든 자기 멋대로 행동하는 이기적인 사람은 있다. 주변 사람들은 마음속으로 그가 빨리 없어지기를 바라지만, 그런 사람이 제 발로 나가는 일은 거의 없다.

이기적인 사람이 자기 멋대로 행동하는 것(작용)에 대해, 대부분의 조직원은 어른스러운 우등생이기 때문에 발끈해서 싸우지 않고 예의 바른 방법으로 대응(반작용)하려고 한다. 그러나 이기적인 사람은 상대의 그런 마음을 알아차리지 못해서, 점점 더 안하무인으로 행동한다.

이윽고 '저런 방식이 통하면 나도 그래야지'라고 생각하고 그를 따라하는 사람이 나온다. 그렇다고 모든 사람이 다 자기 멋대로 행동하지는 않는다. 그렇게 되면 조직 자체가 성립하지 못한다.

그 결과 어른스러운 우등생과 이기적인 사람의 비율이 어느 지점에서 적당히 균형을 이룬다. 이렇게 해서 조직 안에 자기 멋대로 행동하는 이기적인 사람이 계속 머무를 수 있는 공간이 태어난다. 이때 이기적인 사람의 비율은 조금씩 위아래로 움직이면서도 결국 균형을 취하는 지점으로 서서히 이동하는, 진동과 쇠퇴의 패턴을 보인다.

최고의 중학교 입시학원이
고등학교 입시에 뛰어들면?

다이너미즘을 생각하는 작업은 한 차례의 작용과 반작용에 머물지 않는다. 바둑이나 장기처럼 몇 수 앞까지 계속 읽어야 한다. 어떤 패턴이 나타날지 차분히 예상해야 하는 것이다. 처음에는 불리해 보이지만 나중에 만회하는 패턴인지, 아니면 먼저 치고 나가는 패턴인지 예측해야 한다.

다만 바둑이나 장기와 달리 비즈니스 세계의 상대는 한 사람이 아니다. 제3강에서 말한 것처럼 적어도 인풋과 아웃풋, 경쟁 관계, 협조 관계, 영향자라는 다섯 가지 구성요소는 물론이고, 레이어 구조까지 생각해둬야 한다. 기업에는 동료도 있고 고객도 있다. 시장점유율을 두고 첨예하게 다투는 경쟁사도 있고, 주주나 은행 등 기업에 영향을 미칠 수 있는 다양한 주체도 있다.

그러니 각 관계자의 시점에서 하나의 작용이 어떤 반작용을 낳게 될지, 몇 수 앞까지 내다봐야 한다. 그게 가능할 때만이 앞으로 어떤 패턴이 나타날지 눈에 보인다.

중학교 입시에서 좋은 실적을 보인 A학원이 그 실적과 경험을 바탕으로 고등학교 입시학원을 개원하려고 한다. A학원은 자기 지역에서 이미 확보하고 있는 높은 브랜드와 좋은 입지 조건, 좋은 강사 등 시너지 효과를 낼 수 있는 많은 요소가 있다고 생각했다. 물론 그 생각이 틀린 것은 아니다.

하지만 아웃풋에 놓여 있는 고객의 입장에서 생각해보면, 중학교 입시학원과 고등학교 입시학원 사이에는 커다란 장벽이 있다는 것을 알 수 있다. 중학교 입시에 좋은 실적이 있다는 이유만으로 평생에 한 번뿐인 자식의 고등학교 입시를 그 학원에 맡길까? 중학교 입시와 고등학교 입시는 전혀 별개의 것이라고 판단하고, 고등학교 입시에 탁월한 실적을 보이는 학원을 선택하지 않을까?

또한 경쟁자의 입장에서도 A학원의 계획이 잘 되지 않을 만한 패턴이 보인다. 만약 고등학교 입시학원인 B학원에 자본력이 있으면 A학원의 움직임을 봉쇄하기 위해 대대적인 광고를 할지도 모르고, 반대로 A학원의 주 무대인 중학교 입시에 뛰어들지도 모른다. 그러면 플러스 루프에 의한 소모전이 시작되는 것이다(도표 4-7).

이런 식으로 여러 주체의 입장에서 다음에 일어날 수 있는 다이너미즘을 순서대로 생각해보면 장래의 패턴을 예측할 수 있다. 그러면 지금 무엇을 해야 하는지 본질적인 대책이 나온다.

이처럼 깊이 생각하면 A학원의 고등학교 입시학원 진출은 결코 미래가 밝지 않다는 사실을 알 수 있다. 이때 내릴 수 있는 가장 좋은 대책은 이미 고등학교 입시학원으로 이름을 날리는 학원을 인수·합병하는 것이다. 그러면 관리 부문의 시너지 효과도 노릴 수 있고 기존 고객 정보를 다양하게 활용하는 것도 가능해진다.

판세가 바뀌는
시점을 읽어낸다

지금부터는 관점을 조금 바꿔서 다이너미즘을 어떻게 생각하느냐보다 다이너미즘에서 무엇을 읽어내야 하는지에 관해 말하려고 한다. 이것 역시 문제 해결의 실마리를 찾아내는 중요한 사고 과정이다.

다이너미즘에서 읽어내야 할 첫 번째 포인트는 판세가 바뀌는 시점을 찾는 것이다. 왠지 거창하게 들릴지도 모르겠지만, 한마디로 말하면 변화가 일어나는 경계점을 파악하는 것이다.

신입사원을 예로 들어보자. 신입사원에게 처음부터 많은 것을 요구하는 기업은 없다. 그래서 처음 입사하면 자료를 작성하는 방법이나 고객을 대하는 방법 등 일의 기본부터 가르쳐준다. 그러나 어느 정도 시간이 지나면 자료를 충실하게 만드는 기술이나 고객과의 문제를 원만하게 해결하는 방법 등을 요구하게 된다. 그리고 시간이 더 흐르면 이번에는 팀워크를 발휘하는 방법이나 후배를 키우는 능력까지 요구한다.

판세가 바뀌는 시점이란 이처럼 어딘가를 경계로 상황이 바뀌면서 무게중심이 다음 단계로 이동하는 타이밍을 말한다(도표 4-8). 비즈니스 세계에서는 이런 판세가 바뀌는 시점을 정확하게 이해하는 작업이 필수적이다. 예를 들어, 자동차 타이어의 마모로 배출되는 이산화탄소의 양을 줄이기 위해서는 어떻게 해야 할까?

아마 처음에는 타이어와 땅의 마찰을 줄이고, 어떻게 하면 타이어의 연비 성능을 높일 수 있을지 생각할 것이다(물론 너무 오래 타는 것은 좋지 않다). 그러나 이윽고 타이어의 연비 성능 향상에 대한 효과는 줄어든다.

그러면 다음 단계인 환경 문제를 최소화할 수 있는 타이어의 생산 영역으로 들어간다. 타이어의 재료를 석유에서 나온 것이 아니라 다른 것으로 대체하거나, 생산 공정을 연구해서 이산화탄소를 줄일 수 있는 방법을 찾는다.

그것도 일단락이 되면 다음에는 어떻게 하면 타이어를 오래 사용할 수 있는지, 타이어 자체의 사용량을 줄일 수 있는지로 생각의 무게중심이 이동한다. 최근에는 타이어의 접지면만 새것으로 교체해서 타이어를 재사용하는 리트레이드 타이어^{retread tire}도 등장했다.

타이어의 세계에서는 시간축과 함께 '타이어의 제품 성능 향상 → 원재료의 변경 → 생산 공정 개선 → 이용 방법 변경'으로 중요한 요소가 급격하게 변했다. 다른 비즈니스 세계에서도 이런 판세가 바뀌는 시점을 잘 포착해야만 경쟁에서 뒤처지지 않고 좋은 성과를 낼 수 있다.

'판세가 바뀌는 시점은 어떤 형태로 찾아오는가?'

'판세가 바뀌는 시점은 어떤 타이밍에 찾아오는가?'

문제를 해결하고 싶다면 항상 이 두 가지 질문을 머릿속에 두고, 생각의 안테나를 바짝 세워야 한다.

승자독식의 세계를 만든
반도체 산업의 상전이

다이너미즘에서 읽어내야 할 두 번째 포인트는 '상전이 phase transition'를 찾는 것이다. 상전이란 물질의 성질 가운데 일부가 급격하게 변하는 현상을 가리킨다.

자연계에서 상전이를 이해하는 가장 쉬운 사례는 물이 얼음이 되거나 얼음이 물이 되는 변화다. 똑같은 H_2O라도 물과 얼음의 성질은 완전히 다르다. 공부를 하지 않던 아이가 갑자기 의욕을 보이며 공부를 한다든지, 침체 상태에 있던 신규 고객 개척이 갑자기 잘된다던지 하는 것도 상전이에 해당한다.

아이가 공부를 시작한 것은 공부의 재미를 알았거나 공

부를 하지 않으면 미래가 없다는 사실을 깨달았기 때문일지 모른다. 신규 고객 개척이 갑자기 잘되는 것은 특별한 비결을 알았거나, 그동안의 영업 활동이 드디어 효과를 발휘했기 때문일지 모른다.

다이너미즘을 생각할 때는 이런 상전이가 언제 일어날지 알아두어야 한다. 상전이가 일어나면 시간의 흐름에 따른 다이너미즘이 그 연속성을 잃는다. 그러면 당연히 상전이 전과 후의 해결책 역시 완전히 달라진다.

반도체 사업을 시작한다고 생각해보자. 처음부터 방대한 연구개발비 투자와 대량생산을 위한 대규모 설비 마련이 필수적이다. 한마디로 말해 시작부터 거액의 자본이 필요하다.

다음으로 실제 생산을 시작하면 대량생산을 해서 시장을 지배해야 한다. 그렇게 하지 않으면 초기 투자금을 회수할 수 없다. 동시에 기술 혁신이 빠른 분야이기 때문에 그렇게 번 돈으로 바로 다음 연구에 재투자해야 한다.

이런 시간의 축을 두고 생각하면 '상대보다 빠른 투자 → 경쟁력 향상 → 대량 판매 → 이익 → 다음 투자 및 스크랩 앤드 빌드scrap and build(비능률적인 설비를 폐기하고 고능률의 신예

설비로 대체하는 일-옮긴이)'라는 다이너미즘이 눈에 보인다. 현금의 흐름이 시간축을 따라 크게 업다운을 반복하는 패턴이 된다.

이 패턴을 원만히 돌리기 위해서는 대담하고 신속한 의사결정과 투자가 필요하다는 사실을 알 수 있다. 조금씩 투자해서 조금씩 승부하는 방식으로는 절대 살아남을 수 없다. 대담하게 움직일 수 있느냐 없느냐의 치킨게임이 숨어 있다.

그 결과 마지막에 도착하는 곳은 승자독식Winner Takes All의 세계다. 한국 기업은 온 나라가 힘을 합쳐 이 치킨게임에서 승리했다고 볼 수 있다.

처음부터 반도체 산업이 치킨게임의 모습을 하고 있었던 건 아니다. 상전이가 일어나기 전의 반도체 산업을 돌이켜보면, 그때는 각각의 목적에 맞게 반도체를 조금씩 만드는 것이 당연한 시대였다. 반도체의 종류나 제품도 다양했고, 그렇기 때문에 일본 기업이 강점을 발휘했다.

그러다 시장의 규모가 커지기 시작했다. 목적에 맞게 반도체를 제각기 만드는 일이 점점 비효율적인 일이 됐다. 범용의 반도체를 대량으로 만들어 그것을 목적에 맞게 사용할 수 있도록 그 방법을 연구하는 편이 훨씬 더 효율적이었다.

이런 식으로 반도체 산업의 성격이 갑자기 바뀌었다. 반도체 산업의 상선이가 일어나면서 일본 기업의 경쟁력은 급격히 악화됐다.

상전이가 일어나는 계기는 크게 두 가지로 나눌 수 있다. 하나는 꽃가루 알레르기처럼 알레르기 물질이 체내에 축적해서 그 한계치를 넘은 경우다. 모델 안의 스톡이 넘쳤을 때라고 이해하면 된다.

또 하나는 모델에 영향을 주는 요소, 특히 영향자나 경쟁 상대가 크게 바뀐 경우다. 비즈니스 세계에서 말하면 고객의 요구가 크게 바뀐 경우, 기술 면에서 커다란 혁신이 일어난 경우, 경쟁상대가 싸우는 방식을 크게 바꾼 경우라고 할 수 있다. 또 일상생활에서는 결혼, 출산, 전직 등 삶에 커다란 변화가 일어난 경우다.

상전이가 일어나면 다이너미즘은 크게 바뀐다. 그러면 눈앞에 있는 과제나 문제 해결을 위한 대답도 달라져야 한다. 따라서 스톡의 변화나 모델에 영향을 주는 요소의 변화에 대해 민감하게 대응해야 한다.

상전이의 재미있는 사례를 하나 더 소개하겠다.

독일의 GNP와 조강^{blister steel} 생산량의 추이를 보면 1970 년대 중반부터 GNP와 조강 생산량 사이에 상관관계가 없 어지고 있다는 사실을 알 수 있다(도표 4-9).

'철은 곧 국가'라는 말이 있었을 만큼 철강업은 한 나라 의 가장 중요한 산업이었다. 1970년대 중반까지만 해도 그 말은 사실이었다. 조강 생산량이 증가하면 GNP도 증가하 는 흐름이 계속 이어지고 있었다는 게 그 증거다.

그런데 1970년대 중반에 접어들면서 계속 증가했던 독 일의 조강 생산량이 제자리걸음을 하는 모습으로 바뀌고, GNP는 그것과 상관없이 계속 성장하게 된다. 둘 사이의 상관관계가 옅어진 것이다. 이 현상 뒤에는 사실 몇 가지 요소가 뒤얽혀 있다.

우선 2차 세계대전 이후의 고도성장이 일단락되면서 철 의 수요가 감소하기 시작했다. 철은 자동차, 건물, 다리 등 주로 제조업과 인프라 산업에 사용된다. 즉, 스톡이 충분해지면서 플로가 줄어들었다.

또 기술혁신이 일어나 예전보다 적은 양의 철로 제품을 완성하는 것이 가능해졌다. 나아가 철로 만들던 제품이 플라스틱이나 알루미늄 제품으로 대체되면서 철의 필요성이 줄었다. 아웃풋을 받아줄 수요 자체가 감소했다는 뜻이다.

중국을 비롯한 신흥국이 성장한 것도 한 가지 요인이다. 이것은 경쟁관계의 변화에 따른 영향이다. 독일의 산업구조가 제조업 중심에서 서비스업 중심으로 바뀐 것 역시 한 가지 요인이다.

독일에서는 이런 요인이 뒤얽히면서 1970년대 중반에 산업구조의 상전이가 일어났다. 그리고 도표에서 확인할 수 있는 것처럼 그 전과 후의 모습은 완전히 다르다.

깊은 레이어에 있는
근원적 드라이버를 찾는다

다이너미즘을 해석할 때 상전이를 찾을 수 있다면, 그 다음엔 '근원적 드라이버'를 생각해야 한다. 근원적 드라이버란 가장 깊은 곳에 위치한 레이어 차원에서 상황을 근본적으로 바꾸고 있는 요인을 가리킨다.

당신이 사소한 말다툼을 계기로 애인에게 차였다고 하자. 만약 당신의 하소연을 들은 누군가가 정말 그 말다툼 때문에 애인이 떠났다고 말한다면, 그는 가장 얕은 레이어 차원에서 생각했다고 볼 수 있다.

반면 근원적 드라이버를 찾으려는 사람이라면 그때까지 마음속에 쌓인 불만 때문에 애인이 당신을 떠났다고 판단

할 것이고, 그 불만의 정체를 규명하기 위해 애인과 더 깊은 대화를 시도하라고 말할 것이다.

앞에서 예로 든 꽃가루 알레르기의 근원적 드라이버는 무엇일까? 바로 체내에 쌓인 꽃가루의 양이다. 오랜 세월에 걸쳐 꽃가루가 체내에 쌓이면서 정상인 상태에서 꽃가루 알레르기의 상태로 상전이가 일어난다.

이렇듯 일단 상전이가 일어나 꽃가루 알레르기를 갖게 되면 그 이전으로 되돌아가는 근원적인 치료는 할 수 없다. 약을 복용하는 등의 처방으로 증상을 호전시키는 건 일시적인 치료에 불과하다. 깊은 레이어 차원에서는 여전히 문제가 해결되지 못한 채 남아 있다.

꽃가루 알레르기를 다시 예로 든 것은 근원적 드라이버를 찾는 일이 플로가 아닌 스톡적 사고라는 사실을 강조하기 위해서다. 그리고 스톡은 플로와 달리 천천히 움직이기 때문에 변화를 포착하기가 쉽지 않다. 체내에 쌓이는 꽃가루의 양이 언제 임계점을 넘어서는지 어떻게 정확히 파악할 수 있겠는가?

그러므로 근원적 드라이버가 되는 요소에는 특별히 주의를 기울일 필요가 있다. 그러면 바람직하지 않은 상전이를 미리 예방할 수 있고, 상전이가 일어난 이후에도 문제 해결의 실마리를 더 빨리 찾을 수 있다.

전 세계가 힘의 균형을 이루게 하는 근원적 드라이버는 무엇일까? 이 질문을 받았을 때 가장 먼저 생각나는 것은 군사력이리라. 하지만 군사력을 유지하기 위해서는 경제력이 필요하다. 거시경제학에 따르면 경제는 자본 축적, 노동력 증대, 기술 진보에 의해 확대된다고 한다.

실제로 인류 역사의 긴 흐름 동안 세계의 중심 역할을 한 것은 중국과 인도를 비롯한 동양이었다. 이유는 단 하나, 인구가 많았기 때문이다. 그러나 과거 수백 년 사이에 힘의 균형은 유럽과 미국으로 크게 이동했다.

오랜 역사적 관점에서 보면, 지금 이 시기를 굉장히 독특한 시기로 판단할 수도 있다. 이것은 산업혁명이라는 기술 진보가 이루어낸 결과이자 신대륙 발견으로 촉발된 대규모 인구이동의 결과다.

하지만 기술이란 건 결국 시간이 흐르면 전 세계로 전파된다. 세계에서 가장 많이 팔리는 자동차 회사는 일본에 있고, 세계에서 가장 많이 팔리는 스마트폰 회사는 한국에 있

다. 기술 진보의 영역에 있어 추격과 역전의 사례는 비일비
재하다.

더 많은 시간이 흘러 나라별 기술력 차이가 고만고만해
지면 과거처럼 다시 인구가 많은 나라가 세계의 중심을 차
지할 가능성이 높다. 서양의 많은 국가에서 중국과 인도의
성장을 두려워하는 것도 결국 인구 때문이다.

이런 관점에서 보면 미국의 세계 패권 유지는 그들의 이
민정책에 달려 있는지도 모른다. 자국민의 일자리를 보호
하겠다는 명목으로 인구 유입을 차단하는 순간 힘의 균형
은 조금씩 중국과 인도로 이동하게 될 것이다. 물론 시간의
축을 수백 년까지 확대한다면 그런 이민 정책과 상관없이
도 결국 중국과 인도의 시대가 오겠지만.

함수로 통찰하라

중고등학교 수학 시간에 이딴 건 배워서 어디다 써먹느냐고 투덜댄 기억이 누구에게나 한 번쯤은 있을 것이다. 그 시절 찾지 못한 대답을 여기에서 찾아보자. 수학의 세계를 잘 이해하는 사람은 비즈니스 세계에서도 탁월한 통찰력을 발휘한다.

$y=f(x)$로 표현되는 함수를 기억하는가? 함수를 이용하면 다양한 세상의 움직임도 쉽게 포착할 수 있다. 지금까지 배웠던 용어로 정리하면, y는 아웃풋, x는 근원적 드라이버가 된다.

그럼 비즈니스 세계에서 함수를 활용하는 법을 배우기

전에 자연과학의 세계에서 어떻게 함수를 활용하는지 먼저 확인해보자.

물의 밀도는 정확히 4℃일 때 가장 커지는데, 그 이유는 무엇일까?

물의 밀도에 영향을 미치는 근원적 드라이버는 분자력 molecular force(분자가 서로 끌어당기거나 밀어내는 힘-옮긴이)과 열 진동thermal vibration(온도가 올라가면서 물 분자가 서로 부딪치거나 서로 배척하는 힘-옮긴이)이다. 0℃ 이하인 상태, 즉 얼음일 때는 물 분자에 구멍이 숭숭 뚫려 있어 밀도가 낮다. 그런 데 온도가 점점 올라가고 물 분자가 진동하면 기존의 구조 가 무너지면서 밀도가 올라간다. 그러던 것이 특정 온도 이 상 올라가면 분자들이 격렬하게 부딪치면서 서로를 밀어내 밀도가 내려간다. 이런 움직임을 통해 밀도가 가장 높아지 는 지점이 바로 4℃다.

함수를 사용하면, '물의 밀도=f(분자력, 열진동)'이라는 식 으로 표현할 수 있다(도표 4-10).

그렇다면 비즈니스의 세계는 어떨까? 함수로 생각하면, 조직 변혁에 있어서도 물의 밀도에서 말하는 4℃에 해당하 는 포인트를 발견할 수 있다.

조직 변혁에 영향을 미치는 근원적 드라이버는 '개선에 의해 서서히 좋아지는 요소'와 '구조가 바뀌면서 근본적으로 좋아지는 요소'다. 첫 번째 요소는 조직 내 혼란은 최소화할 수 있지만 속도가 느리고 근본적인 문제를 해결할 수 없다. 반대로 두 번째 요소는 커다란 혼란을 초래하지만 중장기적으로는 근본적인 문제를 해결할 수 있다.

이 두 가지 요소 사이에서 균형을 잡는 것이 물의 밀도에서 말하는 4℃의 포인트다(도표 4-11). 이 함수를 볼 줄 알면 한 가지 중요한 사실을 알 수 있다. 조직을 변혁하려고 할 때 모든 것이 원만하게 이루어지고 있다면, 혹은 반대로 조직 내 혼란이 걷잡을 수 없이 크다면 지금 이뤄지고 있는 조직 변혁은 실패로 돌아갈 가능성이 높다.

이런 식으로 함수로 생각하는 습관을 들이면 근원적 드라이버를 찾아, 그것을 근간으로 최고의 아웃풋을 만들어내는 작업이 훨씬 수월해진다.

인과의 종착점까지
가서 검증한다

다이너미즘을 해석하는 작업까지 다 마쳤다면, 이제 자신이 해석한 바가 옳은지 그른지를 검증해야 한다. 검증이라고 하면 보통 검증의 대상을 낱낱이 분해해서 하나하나를 분석하는 작업을 떠올리기 쉽다.

하지만 이런 분석적 사고에는 분명한 한계가 있다. 자신이 이미 전제로 삼고 있는 좁은 시야 안에서만 검증이 이뤄지기 때문이다. 다이너미즘의 검증을 위해서는 생각의 범위를 확대해 인과의 종착점까지 가보는 작업이 이뤄져야 한다. 논리적 연결고리를 염두에 두고 계속 그다음의 일이 어떻게 될 것인지를 생각해보는 것이다. 그러면 다이너미즘을 만드는 모델의 의미가 더 명확해지고, 본질적인 해결책을 찾는 일도 수월해진다.

내가 신입사원들에게 "긍정적인 마음을 잃지 말라"라고 자주 말하는 것도, 그렇게 하지 않았을 때의 인과의 종착점을 알고 있기 때문이다. 긍정적인 마음을 잃으면 인과의 종착점에서는 컨설턴트의 길을 포기하는 일이 입을 떡하니 벌리고 기다리고 있다.

컨설팅 업무는 쉽지 않다. 일이 순조로운 경우는 거의 없다. 그럼에도 매력적인 일인 것만은 틀림없는 사실이다. 문제를 해결하면 클라이언트에게 그 무엇과도 바꿀 수 없는 가치를 제공하게 된다. 바로 그런 공헌감이 성취감과 행복으로 연결된다.

반대로 끝내 문제를 해결하지 못하면 마음이 꺾이고 그 자리에서 주저앉게 된다. 긍정적인 마음을 잃는 순간 자기도 모르는 사이에 회의감이 솟구치고 성장이 멈춘다. 그리고 클라이언트의 요구 수준이 너무 높다는 등 다른 팀원의 역량이 부족하다는 등 외부로 책임을 돌리게 된다. 이런 상태에 들어서면 다음과 같은 인과의 흐름이 이어진다.

긍정적으로 생각할 수 없다 → 괜히 고생한다는 마음이 든다 →

다른 것을 비난한다 → 컨설팅 자체에 가치가 없다 → 그만두자

별것 아닌 것 같았던 부정적인 마음이 인과의 종착점에서는 컨설턴트 포기로 귀결된다. 이런 인과의 흐름이 비단 컨설턴트에게만 일어나겠는가? 직업과 상관없이 누구에게나 일어날 수 있는 일이다. 그러니 부정적인 생각이 들면, 재빨리 뇌에 비상 신호를 보내서 억지로라도 자신이 처음에 가지고 있었던 꿈을 떠올려보는 것이 좋다.

실패하더라도 긍정적인 마음만 잃지 않으면 성장의 기회는 반드시 있다. 실제로 진정한 실력이 생길 때까지 문제 해결에 어려움을 겪고 실패하는 것은 너무나 당연한 일이다. 이런 경험들이 모두 성장의 밑거름이 된다.

이처럼 인과의 종착점까지 가보면 본질적인 대책이 눈에 보인다. 만약 이것이 다이너미즘에서 발견되지 못한 대책이었다면, 자신이 해석한 바가 틀렸다는 증거가 된다. 다이너미즘의 검증 단계에서 해석의 실수를 잡아낼 수 있다는 뜻이다.

인과의 종착점까지 가보는 연습을 하나 더 해보자. 생각해야 할 과제는 미래 정부의 역할이다.

정부의 역할에 대한 의견은 '작은 정부론small government theory'과 '큰 정부론big government theory'으로 크게 나뉜다. 작은 정부론은 정부가 국방, 안보, 치안 유지 등 최소한의 기능만 담당하고, 시장 개입은 가능한 하지 말아야 한다는 의견이다. 반면 큰 정부론은 좋은 복지와 고용 확대 등을 위해 정부가 시장에 적극 개입해야 한다는 의견이다.

작은 정부에서는 빈부 격차가 커질 위험성이 있고, 큰 정부에서는 너무 많은 세금 탓에 시장 참여자들의 의욕을 저해할 위험성이 있다. 시대마다 나라마다 정권마다 지향하는 바는 달라졌고, 이에 대한 평가도 보는 사람의 관점에 따라 달라졌다.

그렇다면 미래 정부의 역할은 어떻게 될까? 이런 과제의 다이너미즘을 생각할 때는 근원적 드라이버를 잘 찾는 것이 중요하다. 여기에서는 미래 정부라고 했으니 나날이 진화하고 있는 과학 기술을 근원적 드라이버로 삼는 게 타당하다.

과학 기술의 발전으로 최근에는 사람의 마음을 해석하는 일에 빅 데이터Big Data를 활용하는 것이 가능해졌다. 디지털 환경에서 생성되는 대규모 데이터를 분석해 개개인의 요구를 확실히 파악할 수 있게 됐다. 지금은 주로 앞서가는 기업들이 이 기술을 적극 활용하고 있지만, 기술이 더 발전하고 빅 데이터의 중요성이 더욱 커지면 정부에서도 이 기술을 적극 활용하게 될 것이다.

그러면 작은 정부가 바람직한지, 큰 정부가 바람직한지를 따지는 것은 더 이상 의미가 없어진다. 필요한 요구를 필요할 때 전달하는 최적의 형태가 완성되면, 효율성 측면에서 가장 이상적인 정부가 탄생된다.

한 걸음 더 나아가면 정부와 민간의 경계가 모호해질 수도 있고, 기업이 지방 자치를 운영할 가능성도 있다. 미래의 일을 확신할 수 있는 사람은 아무도 없지만, 이런 식으로 인과의 종착점까지 가볼 수 있는 사람은 예측 가능한 미래에 대비하여 효과적인 대책을 준비할 수 있다.

그렇다면 당신이 직접 가본 인과의 종착점에는 어떤 미

래 정부가 존재하고 있는가? 혹 나와는 달리 과학 기술이 아닌 다른 요소를 근원적 드라이버로 삼았는가? 당신의 다이너미즘을 검증할 수 있는 방법이 한 가지 더 있으니 다음 내용을 확인하고 바로 검증을 해보자.

다이너미즘을 이야기로
말할 수 있는지 확인한다

다이너미즘의 검증을 위한 또 하나의 방법이 있다. 바로 이야기story로 말할 수 있는지 확인하는 것이다. 하나의 이야기로 말할 수 있다는 것은 '무엇이, 왜, 어떻게'로 이루어지는 분명한 논리적 흐름이 있다는 증거다.

앞서 모델은 한 장의 그림으로 표현할 수 있다고 설명했다. 다이너미즘은 여기에 작용과 반작용의 연쇄로 이루어진 시간축이 더해진다. 이 과정을 문장으로 하나씩 표현하면 이야기가 된다.

대표적 이야기 장르인 소설에서 가장 중요한 것도 개연성probability이다. 허구의 이야기를 다루더라도 논리적 흐름에 비약이 없어야 독자들이 그 이야기에 몰입할 수 있다. 주인공이 어떤 문제를 해결하는 이야기건, 목표 달성을 위해 모험을 떠나는 이야기건, 그 이야기를 표현하는 문장과 문장 사이에는 반드시 그럴싸한 이유가 있어야 한다. 이 논리적 흐름을 단순화시키면 '무엇이 + 무엇을 해서 + 무엇이 된다'가 된다.

예를 들어 「토끼와 거북」은 '거북보다 빠른 토끼가 + 자만한 채 낮잠을 자서 + 거북과의 달리기 시합에서 졌다'는 이야기고, 「신데렐라」는 '계모의 구박을 받던 신데렐라가 + 요정의 도움을 받아 파티에 참석해서 + 왕자비가 되었다'는 이야기다.

프롤로그에서 말한 검사기기 업체의 사례도 이런 식으로 이야기를 만들 수 있다. 'B사는 + 고객의 혁신안을 받아들여서 + 경쟁에서 이겼다.'

그리고 이것을 조금 더 긴 이야기로 만들면 본질에 가까워진다. 'B사는 + 최초의 제품 개발에 대한 사고방식을 바꾸어서 + 고객의 혁신안을 받아들인 다음 + 영업과 개발을 가로막고 있는 조직의 벽을 무너뜨리고 + 소통을 강화해서 + A사와의 경쟁에서 승리했다.'

이 이야기를 살펴보면, 고객으로부터의 혁신과 조직의 벽을 깨는 소통이 얼마나 중요한지 바로 알 수 있다. 다이너미즘을 제대로 생각했다는 증거다. 만약 이런 이야기를 만들어낼 수 없다면 지금 존재하는 다이너미즘에 문제가 있다는 뜻이므로 자신이 간과하고 있는 게 무엇인지 확인해야 한다.

다이너미즘이 눈에 보이면 사람들을 매료시키는 재미있는 이야기를 할 수 있다. 다른 사람과의 대화에서 통찰력 있는 생각을 만나면 자신도 모르게 그 이야기에 빠져들게 되지 않던가. 이처럼 통찰하는 과정이 결코 힘들기만 한 건 아니다. 재미있는 이야기를 만들고 다른 사람과 주고받을 수 있는 아주 흥미로운 작업이 될 수도 있다.

제5강

모델을 바꿔
해결책을 찾는다

통찰력 사고의 3단계

INSIGHT

통찰은 몇 가지 단서만으로는 얻어지지 않는다.
통찰은 필요한 모든 정보를 유기적으로 결합하여
얻어내는 명료한 조감도이다.

– 폴 갬블

미국과 러시아의
군비확장 경쟁을 막으려면?

지금까지 모델과 다이너미즘의 정체를 파악하기 위해 숨 가쁘게 달려왔다. 생소한 단어에 겁먹지 않고 차근차근 하나씩 배우고자 했다면 모델과 다이너미즘으로 생각하는 법에 대해 어느 정도는 이해할 수 있었을 것이다.

물론 단순명쾌하게 전부 이해하고 "이제 나도 통찰할 수 있다!"라고 자신 있게 말하지는 못할 것이다. 해결되지 못한 궁금증도 여럿 남아 있을지 모르겠다. 이에 대해 조급하게 생각할 필요는 없다. 본질을 파악하는 것은 본질적으로 어려운 일이니까.

하지만 그동안 추상적으로만 여겨졌던 통찰력의 실체에

대해 어느 정도 다가간 느낌이 들지 않는가? 처음 배우는 단계에서는 이 정도면 충분하다. 나머지는 현실 세계에서의 실천을 통해 서서히 몸에 배게 하면 된다.

세5강에서는 통찰력 사고의 제3단계, '해결책 찾기'에 대해 본격적으로 얘기해보려고 한다. 본질적인 해결책을 찾기 위해서는 반드시 '모델을 어떻게 바꿀 것인가'까지 생각해야 한다. 모델이 똑같으면, 아무리 현상을 바꾸어도 결국 원래대로 돌아가게 된다. 최악의 경우 문제가 더 심각해질 가능성도 있다.

현상 뒤에 숨어 있는 모델은 아무리 많은 문제를 껴안고 있다 하더라도 그럭저럭 돌아가게 마련이다. 그러니 현상을 바꾸려고 하면 지금까지 돌아가고 있던 모델은 당연히 저항한다. 현상만을 바꾸려고 할수록 모델의 저항은 더 거세진다. 따라서 문제를 근본적으로 해결하려면 모델 자체를 바꾸는 수밖에 없다.

제3강에서 플러스 루프에 대해 설명할 때, 미국과 러시아의 군비 확장 경쟁을 예로 들었다. 군비 확장은 플러스 루프 모델만으로는 결코 막을 수 없다. 모델을 바꾸지 않은 채 양쪽의 합의만으로 억지로 해결하려고 하면, 사소한 문제를 계기로 다시 플러스 루프로 회귀하게 된다. 경우에 따라서는 군비 확장이 더욱 심해질지도 모른다.

군비 확장을 막기 위해서는 다른 루프가 필요하다. 국제 사회를 끌어들여 새로운 시스템을 만들거나, 인류가 멸망할 수 있다는 공포감을 자극해 플러스 루프에 제동을 걸어야 한다. 이런 대책이 제대로 먹혀들면 모델이 바뀌어서 인과가 거꾸로 돌기 시작한다. 그리고 인과가 거꾸로 돌면 상승 곡선을 그리던 다이너미즘의 패턴이 수습 단계로 들어선다(도표 5-1).

작은 힘으로 큰 효과를 만드는 레버리지 포인트

지금까지 여러 번 강조했지만 문제 해결에는 두 가지 방법이 있다. 하나는 근본적인 해결이고, 다른 하나는 임시적인 방편이다.

바람직한 것은 당연히 근본적인 해결이다. 임시방편을 사용하면 효과가 오래 지속되지 않거나 부작용이 나타난다. 시스템 다이내믹스의 중요한 명제 중에는 "치료법이 병보다 더 문제인 경우도 있다"라는 말도 있다.

다만 이미 완성되어서 나름대로 돌아가고 있는 모델을 버리고 새로운 모델을 다시 만드는 것은 보통 어려운 일이 아니다. 가장 효과적인 방법은 해석한 모델과 다이너미즘을 근거로 레버리지 포인트leverage point를 찾아보는 것이다. 작은 힘으로 무거운 물체를 드는 지렛대의 원리처럼, 모델 수정에 있어서도 작은 쐐기가 큰 변화를 만들 수 있다. 이 레버리지 포인트는 최소한의 노력으로 최대한의 효과를 얻을 수 있는 최적의 도구이므로 문제를 해결할 때는 항상 염두에 두고 있는 게 좋다.

레버리지 포인트를 발견하는 결정적인 방법은 없지만 힌트는 몇 가지 있다. 우선 레버리지 포인트는 근원적 드라이버와 관련이 있거나 모델 내부의 스톡적 요소인 경우가 많다. 지구온난화의 열쇠를 쥐고 있는 것이 대기에 쌓여 있는 이산화탄소의 양(스톡)인 것과 마찬가지다.

그러면 레버리지 포인트를 어떻게 찌르는 것이 좋을까? 욕조에 물이 넘치려고 하면 배수구 마개를 빼는 작은 조치로 문제를 해결할 수 있다. 즉, 스톡에 조그만 구멍을 낼 수 있는 새로운 루프를 넣어보는 것이다.

너무 바쁜 나머지 데이트할 시간이 없어서 애인과 말다툼을 했고, 이 때문에 헤어질 위기에 봉착했다고 하자. 이때 당신이라면 어떻게 할 것인가? 이 문제의 근원적 드라이버는 애인의 불만이라는 스톡이다. 이 불만이 한계를 넘으면 이별을 맞이하게 된다. 그러니 문제를 해결하기 위해서는 모델 내부에 쌓여 있는 애인의 불만이라는 스톡을 정기적으로 줄여줘야 한다. 그것을 가능하게 하는 새로운 루프를 집어넣어야 하는 것이다.

만약 애인의 취미가 테니스라면 매달 첫째 주 일요일을 '테니스의 날'로 지정하고 정기적으로 함께 테니스를 친다. 이런 식으로 거창한 이름까지 붙여놓으면, 바쁘다고 잊어버리는 일도 없고, 다른 일이 있어도 가능하면 테니스를 우선하게 된다. '테니스의 날'을 만드는 레버리지 포인트로 모델 자체를 수정하는 효과를 얻는 셈이다.

흉악 범죄로 고민하던 루돌프 줄리아니Rudolph Giuliani 전 뉴욕 시장은 흉악 범죄와의 전쟁을 선포하는 대신, 지하철 낙서나 소매치기 등 경범죄를 철저히 단속하는 일에 매진했다. 그런데 그 결과 흉악 범죄율이 크게 줄었다.

"바늘 도둑이 소 도둑 된다"라는 속담도 있듯, 경범죄를 자주 저지르는 사람이 나중에 흉악 범죄자가 될 가능성도 높다. 그러니 아예 흉악 범죄의 전 단계에서 그 가능성의 싹을 잘라버리는 환경을 만들어 흉악 범죄율을 낮춘 것이다. 경범죄 단속이라는 레버리지 포인트로 기존의 흉악 범죄 증가 모델을 수정한 좋은 사례라고 할 수 있다.

근본적인 원인에 논리적으로 접근해 모델을 바꾼 사례도 있다.

높은 고객만족도로 유명한 혼다 자동차Honda Cars 가나가와 기타神奈川北 지점에서는 고객의 마음을 얻기 위해 전 사원이 매일 아침 8시 30분부터 한 시간 동안 점포 주변 1킬로미터의 인도를 철저히 청소했다. '청소 → 기본적인 예의 →

고객만족 → 사업의 성과'라는 인과의 흐름을 만든 것이다. 여기에서는 청소가 하나의 레버리지 포인트가 되었다고 할 수 있다.

모델을 크게 바꾸는 것은 결코 쉽지 않다. 그러니 최소한의 노력으로 최대한의 효과를 만들어내는 레버리지 포인트를 잘 찾는 것이 모델을 바꾸는 최고의 방법이다. 레버리지 포인트를 찾기 위해 많은 시간과 노력을 투자하는 것은 결코 낭비가 아님을 명심하자.

전제조건을 부정한
도요타의 간판방식

좋은 해결책을 찾는 첫 번째 힌트는 전제조건을 그대로 받아들이지 않는 것이다. MIT의 '생산운영관리 Operation Management'수업에서 도요타의 '간판방식 just in time'에 대해 공부한 적이 있다. 이 사례는 전제조건을 그대로 받아들이지 않는 것이 문제 해결에 얼마나 중요한지 여실히 보여준다.

도요타의 간판방식은 필요한 때 필요한 양만 생산해서 품절과 과다재고를 발생시키지 않는 생산방식을 가리킨다. 도요타가 처음부터 이런 생산방식을 갖고 있었던 건 아니었다.

기존의 생산방식에서 가장 중요했던 건 발주 비용와 재

고 비용 사이의 균형이었다. 발주 비용 측면에서는 부품을 발주할 때마다 여러 비용이 발생하므로 한꺼번에 많은 부품을 발주하는 것이 유리하다. 그렇다고 발주 빈도를 줄여 한꺼번에 많은 부품을 발주하면 이번에는 재고를 보관하는 비용이 증가한다.

따라서 이때는 발주 비용과 재고 비용이 균형을 이뤄 전체 비용이 최소화되는 지점을 정확히 구하는 것이 문제 해결의 핵심이었다. 실제로 도요타도 이 최적의 답을 찾기 위해 연구에 연구를 거듭했다.

하지만 어느 순간부터 도요타는 전제조건을 부정하기 시작한다. 생산의 기본 전제조건인 재고를 더 이상 인정하지 않기로 한 것이다. 전제가 무너지자 기존의 생산방식은 의미를 잃는다. 대신 재고를 인정하지 않는 전혀 다른 차원의 생산방식을 찾게 된다. 도요타의 간판방식은 바로 이런 사고 과정을 통해 태어날 수 있었다.

다른 사람이 내린 결론을 전제조건으로 삼고 바로 다음 사고 과정으로 넘어가는 것도 굉장히 위험하다. 예를 들어 "X시장은 크고 매력적이라서 당장 뛰어들어야 한다"라고 누군가가 주장했다면, 다음과 같이 의심해보는 편이 좋다.

- 시장이 지금만 반짝 커진 것 아닌가?
- 다른 회사가 왜 뛰어들지 않았는가?
- 우리 회사가 뛰어들어 경쟁 우위를 차지할 수 있는가?

이때 '애초에?'라는 키워드는 전제를 의심하는 데 아주 강력한 힘을 발휘한다. '애초에?'라고 생각하면 자신이 현재 직면하고 있는 문제가 정말로 풀어야 하는 문제인지 의심해볼 수 있다. 애초에 지금 하는 일의 목적이 무엇인지, 애초에 어떤 모델과 다이너미즘 때문에 이런 문제가 발생했는지 생각해보는 것이다.

예를 들어 일이 산더미처럼 쌓여 있으면 '애초에 왜 이렇게 일이 많을까?'라고 생각해본다. 그러면 산더미처럼 쌓인 일을 눈앞에 두고, 단지 그것을 해내기 위해서만 고민하던 상황에서 벗어날 수 있다. 그리고 '애초에 무엇을 위해 이 일을 하고 있는가?' 혹은 '애초에 고객이 정말 원하는 것은 무엇인가?'라는 전제조건을 확인하면, 지금 할 필요가 없는 일, 지금 해봤자 소용없는 일, 나아가서는 정말로 해야 할 일이 눈에 보인다.

이런 식으로 '애초에?'라고 묻는 습관을 들이면 전제조건을 뒤집어 예상치 못한 해결책을 발견할 가능성이 높아진다. 실제로 내 주변에 통찰력이 뛰어난 사람들을 살펴보면 이런 습관을 갖고 있는 사람이 상당히 많다.

변방에서 태어난 혁신안이
회사를 구한다

   좋은 해결책을 찾는 두 번째 힌트는 눈앞의 일에 구애되지 않는 것이다. 시스템 다이내믹스의 명제 중에는 "원인과 결과는 시간적, 공간적으로 가까이 붙어 있지 않다"라는 말이 있다. 이것도 레버리지 포인트를 찾을 때 잊지 말아야 할 좋은 조언이다.

   혁신안이 나오지 않아 고민에 빠진 경우, 경영자는 본사의 개발 역량을 강화해서 당장 성과를 내라고 압박할지도 모른다. 이것이 전형적인 '지금, 여기에서'의 발상이다. 그러나 새로운 것은 기존의 것을 진부하게 만들 위험성이 있다. 그래서 그것을 두려워하는 기존의 조직은 새로운 싹을

짓밟는 저항세력이 된다.

그렇다면 본사에서 떨어진, 그러니까 현장의 작은 조직에서 차분히 혁신을 준비할 수 있도록 해보면 어떨까? 이것이 바로 '나중에, 다른 곳에서'의 발상이다. 변방에서 태어난 혁신안이 가까운 미래에 회사 전체를 구할 수 있을지도 모른다. 조금 전에 말한 "원인과 결과는 시간적, 공간적으로 가까이 있다고 할 수 없다"라는 생각을 밑바탕에 깔고 대책을 마련하는 것이다.

예를 들어 "매출이 줄었으니까 영업력을 강화하자"라는 것은 너무 안이한 발상이다. 매출이 줄어든 이유는 영업력 때문이 아니라 인사 문제 때문일 수도 있다. 또 원인을 따져 올라가다 보면 지금 사장이 아닌 전임 사장 때부터 그랬을지도 모른다.

원인과 결과는 결코 시간적, 공간적으로 가까이 있다고 할 수 없다. 해결책을 찾을 때 이 사실만 잊지 않는다면, 분명 놓치고 있던 중요한 지점이 새롭게 눈에 보일 것이다.

인재를 채용할 때
어느 범위까지 살펴야 하는가

좋은 해결책을 찾는 세 번째 힌트는 생각하는 범위를 확대해서, 관계가 있을 만한 요소를 전부 파악하고 있는지 자문자답해보는 것이다.

해결책을 찾을 때는 생각하는 범위를 문제에 영향을 미칠 가능성이 있는 모든 범위까지 확대하도록 노력해야 한다. 가장 이상적인 모습은 생각하는 범위와 문제에 영향을 미치는 범위가 정확히 일치하는 것이다.

회의 때마다 "그건 미처 생각지 못했습니다"라는 말을 입에 달고 사는 사람이 있다면, 그는 항상 좁은 범위 안에서만 생각하고 있을 가능성이 크다. 스스로 그런 사람에 가

깝다는 판단이 든다면, 무엇보다 생각의 범위를 확대하는 훈련을 먼저 해야 한다. 이 훈련만 잘 되어도 해결책을 발견할 수 있는 기회는 커진다.

당신이 젊은 컨설턴트를 채용하는 면접관이라고 가정해보자. 만약 당신이 생각의 범위가 좁은 사람이라면, 'A를 채용하느냐 마느냐'라는 과제를 수행하기 위해 'A가 컨설턴트가 될 만한 능력이 있느냐 없느냐'만을 살펴볼 것이다. 물론 이 부분을 주도면밀하게 살펴보는 것은 중요하다. 하지만 이런 컨설턴트로서의 잠재력 판단은 살펴봐야 할 여러 요소 중 하나에 불과하다.

반대로 만약 당신이 생각의 범위가 넓은 사람이라면, 같은 과제를 수행하기 위해 훨씬 더 다양한 요소를 살펴볼 것이다. 그러면 당연히 그곳에서 나오는 결론의 정확도도 높아진다. 생각의 범위가 넓은 면접관은 이런 요소까지 꼼꼼히 살핀다.

- A의 성격과 당사의 문화가 잘 어울릴까?
- A가 자신의 능력을 마음껏 발휘할 수 있도록, 당사가 자리를 제공할 수 있을까?
- 당사에 입사하는 것이 A의 커리어에 좋을까?

- 지금 근무하는 대기업을 그만두고 당사처럼 치열한 컨설팅 회사에 들어오는 것을 A의 가족은 어떻게 받아들일까?

- A의 업무추진방식이 우리 고객과 잘 맞을까?

- A를 그 직책에 채용하는 것을 우리 직원들은 어떻게 받아들일까?

업무 능력뿐만 아니라 가족들의 생각, 당사 직원들과의 관계, 당사 고객들과의 관계까지 염두에 두고 면접에 임하는 것이다. 실제로 이런 모든 요소는 A의 입사 후 회사 전체에 큰 영향을 미친다.

재생가능에너지 사업에
어떻게 뛰어들 것인가

좋은 해결책을 찾는 네 번째 힌트는 줌아웃zoom out을 해서 눈앞의 문제에서 조금 떨어져 보는 것이다. 실제로 다른 감각과 달리 시각은 최소한의 거리를 필요로 한다. 문제도 너무 가까이에서 보면, 실제로 풀어야 하는 문제 대신 엉뚱한 문제를 붙잡고 끙끙대고 있는 경우가 많다.

대학입시를 준비할 때, 많은 학생이 자기도 모르게 어려운 문제를 풀려고 한다. 하지만 본래의 목적은 어려운 문제를 푸는 것이 아니라 대학입시라는 시스템 안에서 원하는 대학에 합격하는 것이 아닌가.

대학입시라는 시스템을 생각하면 종합적으로 좋은 점수

를 받으면 되니까 어려운 문제 풀이에 매달릴 필요가 없다. 실수를 줄여 기본적인 문제에서 좋은 점수를 받거나 문제 푸는 속도를 높이는 것이 더 현명하다. 나아가 여러 과목 중 어느 것을 버리고 어느 것을 취할지 판단할 수도 있다. 무슨 수를 써서라도 원하는 대학에 들어가고 싶으면 재수를 통해 시간이라는 중요한 자원을 늘리는 방법도 있다. 이처럼 눈앞의 문제인 '어려운 문제를 푸는 것'에서 벗어나, '애초에 입시 전쟁의 모델이 무엇인가?'라고 한 걸음 떨어져서 생각해보면 효과적인 해결책이 눈에 보인다.

비즈니스에서도 눈앞에 있는 문제에 사로잡히면 모든 것을 그 문제로 수렴시킨다. 그러면 시야가 좁아지고 편협해질 수밖에 없다. 더구나 본질과 관계없는 문제만 바라보고 있으면 좋은 해결책도 찾지 못한다.

과거 내가 속한 팀에서 태양광, 풍력, 지열 등 재생가능 에너지renewable energy 사업을 하는 기업의 성장 전략을 검토했을 때 이 함정에 빠진 적이 있다. 개별 사업의 분석에 몰두한 나머지 팀 전체가 눈앞의 문제에만 사로잡혔다.

구체적으로 말하면 우리 팀은 '신규사업 A에 뛰어들어야 하는가, 신규사업 B에 뛰어들어야 하는가?'만 생각했다.

'어떻게 성장해야 하는가?'라는 본질적인 질문을 하는 대신, 두 사업에 성장 기회가 있다는 사실을 근거로 이 문제를 양자택일의 문제로 바라봤다.

하지만 신규사업 A는 아직 충분히 무르익지 않은 미래의 시장이고, 신규사업 B는 이미 강력한 경쟁상대가 있는 큰 시장이었다. 그리고 장기적으로 보면 두 시장 모두 이익이 장치 개발이나 제조 쪽에서 나는 게 아니라 운영과 유지보수 쪽에서 나는 구조였다.

그러니 'A사업이냐, B사업이냐'가 중요한 게 아니라 '어떻게 운영과 유지보수 능력을 높일 수 있는가?'가 핵심 질문이 되어야 했다. 이렇게 눈앞의 문제에서 떨어져서 넓은 시야를 확보해야만 진짜 해결책이 눈에 보인다. 이 경우 'A사업과 B사업 모두에 실적이 있는 기업과 제휴를 맺는 것'이 가장 본질에 가까운 답이 된다.

누구나 당장 눈앞의 문제에 매달리게 되어 있다. 이 문제를 풀어야 다음 문제를 풀 수 있을 것 같다는 직선적인 사고방식에 길들어 있기 때문이다. 하지만 통찰력이 있는 사람들은 뭔가 잘 안 풀리고 있다고 느끼면, 바로 생각에 브레이크를 걸고 줌아웃을 해서 넓은 시야를 확보한다.

어떻게 생각할지를
미리 생각한다

다섯 번째 힌트는 약간 성격이 다르다. 해결책 찾기와 직접적인 관련이 있다기보다는, 해결책 찾기를 위한 좋은 준비 태세를 갖추도록 돕는다. 바로 어떻게 생각해야 좋을지 미리 생각하는 것이다. 생각할 순서나 판단 기준까지 모두 포함해서 말이다.

일을 시작하기 전에 여러모로 많은 준비를 하겠지만, 무엇을 먼저 확인해야 하는지, 무엇이 확실하면 의사결정을 할 수 있는지까지 구체적으로 생각하는 사람은 많지 않다.

보통 신규 사업에 진출할 때, 시장 규모, 핵심 고객, 경쟁사 분석 등은 기본적으로 마친다. 하지만 "시장 규모가 얼마 이상이면 뛰어들 것인가?", "타사 제품 대비 장점도 있고 단점도 있으면 어떻게 할 것인가?" 등의 질문에는 의외로 대답하지 못하는 경우가 많다.

이것은 의사결정이나 문제 해결에 대한 준비 부족이라고 할 수 있다. 마음에 새겨둘 것이 무엇인지 충분히 연구하지 못했다는 증거이기도 하다.

이런 상황에서는 아무리 머리를 짜내도 좋은 대답을 찾지 못한다. 생각하는 순서나 판단 기준을 정하는 것은 문제 해결에 가까이 가려는 자세이므로, 대책을 찾을 때 반드시 도움이 된다.

　여기서 잠시 숨을 돌리면서 다음 수학 문제를 생각해보기 바란다. 초등학교 문제이므로, 루트($\sqrt{\ }$)는 사용할 수 없다. 어떻게 생각해야 좋을지 미리 생각하는 것이 얼마나 중요한지를 깨닫게 해주는 문제다.

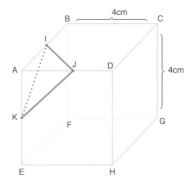

문제　한 변이 4센티미터인 정육면체에서 위 그림처럼 삼각뿔 IJKA를 잘라내면 남은 입체도형과 잘라낸 삼각뿔의 표면적 차이는 얼마인가? I와 J와 K는 각 변의 중점이다.

바로 문제에 달려드는 사람들은 남은 입체도형의
표면적을 구한 후 삼각뿔의 표면적을 구해 그 차이
를 찾으려고 할 것이다. 하지만 밑면 IJK의 면적을
구할 수 없기 때문에 이 방법으로는 문제를 풀 수
없다.

그러니 바로 문제에 달려들기보다는 어떻게 생각
해야 할지를 먼저 생각하는 작업이 필요하다. 그렇
게 곰곰이 생각해보면 밑면 IJK의 면적을 구할 필요
가 없다는 사실을 알아차릴 것이다. 문제는 두 입체
도형의 표면적 차이를 구하는 것이지, 각각의 표면
적을 따로 구하는 것이 아니기 때문이다.

최초 정육면체의 표면적을 a, 밑면 IJK의 면적을 b,
밑면 IJK를 제외한 나머지 삼각뿔의 표면적을 c라
고 하자. 그러면 구해야 할 표면적의 차이는 다음과
같다.

표면적의 차이 = 남은 입체도형의 표면적 - 삼각뿔의 표면적

$$= (a - c + b) - (b + c)$$

$$= a - 2c$$

이 식을 정리하면 b가 사라진다. 즉, 밑면 IJK의 면적은 구할 필요도 없다. 정육면체의 표면적인 a는 96제곱센티미터, 남은 삼각뿔의 표면적인 c는 6제곱센티미터므로, 이를 남은 수식에 대입하면 정답은 84제곱센티미터가 된다.

이처럼 어떻게 생각하면 되는지를 미리 생각해보면, 어렵고 복잡해 보이는 문제도 쉽게 풀 수 있다. 비즈니스에서도 풀 필요도 없는 어려운 문제에 매달려 해답을 찾지 못하는 경우가 많다. 하지만 풀 수 없는 문제를 풀지 않고도 해결책을 찾을 수 있는 경우도 있다. 어떻게 생각하는 게 좋을지를 미리 생각해보는 습관을 가진 사람만이 그런 사실을 통찰할 수 있다.

현실에서
피드백을 얻는다

통찰력 사고의 4단계

INSIGHT

진실은 언제나 두 개의 반쪽 진실들로 이루어져 있는데,
너는 결코 진실에 도달할 수 없다.
언제나 그 이상의 무엇인가가 있기 때문이다.

– 톰 스토파드

부하직원은
어떤 리더를 따르는가

　지금까지 통찰력 사고의 세 단계를 확인했다. 모델을 그리고, 다이너미즘을 해석하고, 해결책을 찾는다. 물론 처음부터 이 모든 과정이 단숨에 이루어질 리는 없다. 중요한 것은 1단계부터 3단계까지 여러 번 반복하며 사고 실험을 하는 것이다. 그러기 위해서는 지적 인내력이 필요하다.

　머릿속이 안개가 낀 것처럼 모호하더라도 끝까지 견디면서 생각해야 한다. 가장 안타까운 것은 통찰에 실패할 거라는 불안감을 견디지 못하고 생각을 중지하는 경우다. 하지만 오래 달리기에서도 사점dead point을 통과하면 좀 편해지듯이, 생각을 할 때도 이 불안감을 견디고 사고 실험을 반복하면 결국 레버리지 포인트를 발견할 수 있다.

이렇게 충분히 생각해서 레버리지 포인트가 보이면, 그 해결책을 다른 사람에게 말해보는 것이 좋다. 자신의 생각을 다른 사람에게 말한다는 것은 기어코 좋은 방법을 찾겠다는 자세를 취하는 것이다. 이런 자세가 자신의 통찰력 사고를 독려할 수 있다.

이때 중요한 건 분명한 기한을 정해두는 일이다. 기한이 정해지지 않은 일은 자신도 모르게 뒤로 미루게 된다. 그러니 기한을 정해 상대방과 약속까지 해두면 어떻게든 그때까지 자기만의 결론을 찾게 된다.

나 역시 일을 뒤로 미루는 것을 방지하기 위해 항상 회의할 날짜를 미리 정해두거나 원고나 보고서 제출 마감일을 분명히 정해 상대방과 약속한다. 그러면 확실히 깊이 생각하는 일을 미루지 않는 데 도움이 된다.

1단계에서 3단계까지 반복해 해결책을 찾았고, 그 결과를 다른 사람에게 말하는 과정까지 마쳤다면, 이제 마지막 4단계로 넘어갈 차례다. 통찰력 사고의 4단계는 실제 행동을 통해 피드백을 얻는 것이다.

머릿속에서 아무리 완벽한 시뮬레이션을 마쳤다고 해도

그게 실제로 현실에 통할지는 직접 경험해보지 않고서는 알 수 없다. 그래서 마지막 단계에서는 현실에서 피드백을 얻어야 한다.

"경험하지 않는 것은 생각할 수 없다"라는 말이 있듯이, 가장 중요한 성장 기회는 실패든 성공이든 직접적인 체험에서 온다. 많은 사람이 경험한 적 있을 법한 사례를 하나 들어보자.

부하직원이 처음 생기면 누구나 좋은 상사나 좋은 리더가 되려고 한다. 아마 머릿속으로 좋은 상사에 대한 나름대로의 이상적인 모습도 생각했을 것이다. 많은 사람이 내리는 결론 중 하나는 부하직원을 잘 이해하고 돌봐주며 솔선수범하는 리더다. 이는 매우 자연스러운 생각이다. 서로의 신뢰관계가 높아져서 팀워크가 단단해지면 플러스 루프가 작동하기 때문이다.

그런데 막상 실제로 그렇게 행동하면 생각보다 팀워크가 제대로 발휘되지 않는다. 부하직원이 원하는 것은 단지 일하기 편한 환경이나 좋은 상사만이 아니기 때문이다. 그들은 자신도 성장하고, 자신의 일이 회사나 고객에 공헌하고 있다는 실감을 원한다. 의미 있는 일을 하고, 이로써 주변에서도 인정받고 싶어 하는 것이다.

이런 과정을 통해 한 가지 사실을 깨닫게 된다. 리더에게
는 '어떻게 행동하느냐'보다 '무엇을 목표로 하느냐'가 더
중요하다는 사실이다. 부하직원은 리더를 따르는 게 아니
라 리더의 목표를 따르는 법이다. 경험이 없는 리더는 이
사실을 간과하기 쉽다.

이런 식으로 매일의 업무 속에서 실제 경험을 통해 피드
백이 하나씩 축적되면 통찰력 또한 깊어진다. 물론 피드백
이 있음에도 자신이 최초의 결론으로 삼은 생각만을 고집
한다면 더는 발전이 없겠지만 말이다.

저축에 실패한 친구의
대담한 대책

좀처럼 저축을 하지 못해 고민하던 친구가 있었다. 처음에는 쓰고 남은 돈을 저축하려 했는데, 그러다 보니 자신도 모르게 욕망에 무릎을 꿇고 모든 돈을 다 써버리고 말았다. 이래선 안 되겠다는 생각에 은행에 적금을 들어 문제를 해결하려고 했지만, 돈이 필요한 일이 생기면 바로 해약해버리는 바람에 아무런 소용이 없었다.

그는 '눈앞의 돈 → 돈을 쓰고 싶다는 욕망과 남은 돈으로는 살기 힘들다는 현실 → 저축 포기'라는 루프에 강하게 지배를 받고 있었다. 그는 내가 그려준 이 루프를 보고 몇 날 며칠을 생각하더니 아주 대담한 대책을 생각해냈다.

그 대책이란 대출을 받아 집을 사는 것이었다. 처음에는 어떻게 이런 루프에서 그런 대책이 나올 수 있는지 의아했지만, 곰곰이 생각해보니 그는 분명 문제를 본질적으로 해결할 수 있는 방법을 찾아낸 게 틀림없었다.

먼저 대출을 한 순간부터 매달 원리금을 갚아야 했으므로, '눈앞의 돈'이 없어졌고, 그러니 돈을 쓰고 싶다는 욕망도 줄어들었다. 저축에 해당하는 집을 먼저 손에 넣는 대가로 돈을 갚지 않으면 안 되는 강제적인 루프가 만들어진 것이다. 언제든지 깰 수 있는 저축과 달리, 대출 상환 계획은 함부로 건드릴 수 없었다. 저축을 대출 상환으로 바꾼 것만으로 돈을 모을 수 없는 모델이 돈을 모을 수 있는 모델로 탈바꿈했다.

또 월세를 낼 필요가 없어졌으므로 '남은 돈으로는 살기 힘들다는 현실'도 개선됐다. 대출이자를 내야 했지만 월세 부담에 비할 바는 아니었다. 게다가 월세는 플로지만 집을 사면 스톡이 되었다. 대출금을 다 갚았을 때는 집이라는 형태의 스톡이 저축처럼 남는다.

덧붙여 실제로 대출을 받아보니, 마음의 부담 때문에 돈이 생길 때마다 조기에 상환을 했다. 이것은 미리 생각하지 못했던 현실의 피드백이었다.

　이런 식으로 내 친구는 돈을 모으지 못했던 문제를 본질적으로 해결했다. 통찰력 사고의 네 단계를 충실히 이행한 결과 생각지도 못했던 대담한 해결책을 찾을 수 있었다.

通찰력 칼럼 12 | 자연과학과 금융공학도 통찰력 사고로 진보했다

통찰력 사고는 세상의 진보에도 커다란 역할을 했다. 자연과학, 사회과학 모두 현상 뒤에 숨어 있는 모델과 다이너미즘을 해석함으로써 진보했다고 할 수 있다.

가장 좋은 사례는 알버트 아인슈타인Albert Einstein의 상대성 이론theory of relativity이다. 아인슈타인은 평소에 우리가 경험하는 "시간은 언제나 똑같은 템포로 나아가고, 공간은 눈앞에 확실히 존재한다"라는 현상에 고개를 갸웃거리며 그 뒤에 숨어 있는 본질에 눈을 향했다. 그 결과 우주가 시간의 진행을 바꾸거나 공간을 일그러뜨리는 모델이라는 사실을 발견했다. 우주의 진정한 모습을 밝혀낸 것이다.

금융공학의 진보도 좋은 사례다. 금융공학은 주가 흐름의 이면에 숨어 있는 모델과 다이너미즘을 해석함으로써 진보했다. 물에 뜨는 작은 입자가 불규칙하게 움직이는 현상을 브라운 운동Brownian motion이라고 하는데, 금융시장도 그와 똑같은 모델과 다이너미즘에 기초하고 있다는 사실을 밝혀냈다.

이처럼 과학은 복잡한 세계의 본질을 확인하려는 노력 덕분에 진보했다고 할 수 있다. 수많은 현상을 만들어낸 것은 그 뒤에 숨어 있는 모델과 다이너미즘이다. 그런 사실을 깨달았을 때, 과학에서는 놀라운 진보가 일어난다.

화장품 업체에 신소재를 팔아라

사례의 개요와 배경

최근에 새로운 부서로 이동한 A. 회사에서는 그에게 신제품 론칭을 맡겼다. A가 일하는 회사는 여러 가지 소재를 만드는 업체다. 이번에 론칭해야 할 제품은 기능 면에서 우수했기 때문에, 그는 화장품용으로 적합하다고 생각했다. 그리고 앞으로 주력 제품으로 키우기로 마음먹었다.

처음에 생각한 모델은 다음과 같았다.

화장품 업체에 신제품의 기능을 소개한다 → 신제품의 장점을 이해하게 만든다 → 매출이 크게 증가한다

하지만 예상과 달리 반응이 거의 없었다. 실제의 모델은 다음과 같았다.

신제품에 대한 회의적인 견해 → 주문을 하지 않는다 → 다른 회사로 입소문이 확대되지 않는다

1단계 | 생각을 눈에 보이게 그린다

신제품의 장점을 아무리 설명해도 고객인 화장품 업체는 이해하려고 하지도 않고 주문도 하지 않았다. A는 화장품 업체들이 왜 신제품에 대해 거부 반응을 보이는지 차분히 생각해보았다. 그리고 한 가지 가설에 도착했다.

A의 회사는 대기업이 아니라 중견기업으로, 지금까지 화장품 업체와 거래한 적도 없었고 회사에 대한 신뢰도도 쌓이지 않았다.

화장품은 피부에 바르는 제품으로, 품질관리에 유난히 신경을 쓸 수밖에 없다. 그렇다면 아무리 기능성을 강조해도 화장품 업체에서 순순히 채택해줄 리 만무했다. 신제품 론칭을 위한 가장 중요한 포인트는 자사에 대한 믿음과 신제품에 대한 신뢰라는 것에 생각이 미쳤다.

2단계 | 과거를 해석하고 미래를 예측한다

회사나 신제품에 대한 신뢰는 플로가 아니라 스톡이다. 오랫동안 실적이 쌓여야 비로소 신뢰가 태어나는 것이다. 그러나 앞으로 10년, 20년에 걸쳐서 천천히 실적을 쌓으려면 이미 때가 늦는다. 되도록 빨리 신뢰도를 확보해서 화장품 업체가 신제품을 채택하게 만들고, 그 소문이 확대되도록 만들어야 한다. 그렇게 되면 '채택 → 실적 → 평판 → 매출 확대'라는 다이너미즘이 완성되고, 플러스 루프의 선순환에 의한 상승 패턴이 이어질 것이다.

3단계 | 모델을 바꿔 해결책을 찾는다

신속하게 신뢰를 확립할 것! A의 눈에 레버리지 포인트가 보이기 시작했다.

'빠른 시간 내에 신뢰도를 쌓기 위해서는 어떻게 해야 하는가?'

'평판을 높이기 위한 방법은 무엇인가?'

A가 고민 끝에 내놓은 방법은 학회에 발표하는 것이었

다. 권위 있는 제삼자를 통해 신제품이 얼마나 우수한지 발표해서 안정성을 입증하면 되었다. 그러면 회사의 규모가 작다는 점도, 화장품 업체에 납품한 실적이 없다는 점도 모두 불식할 수 있다고 생각했다.

또 대형 화장품 업체에 일정 기간 동안 무상으로 제공하기로 했다. 당분간 손해를 보더라도 어쩔 수 없었다. 눈앞의 손해보다는 대형 화장품 업체가 사용했다는 실적이 중요했다. 그것이 '평판 → 매출 확대'의 루프를 돌리는 레버리지가 되기 때문이다.

4단계 | 행동을 통해 현실의 피드백을 얻는다

A는 연구개발팀을 통해 신제품의 기능에 관한 논문을 학회에 발표하는 데 성공했다. 그리고 그것을 계기로 대형 화장품 업체 중 하나에 신제품을 무상으로 제공할 수 있었다.

그가 예상한 대로 이 방법은 엄청난 효과를 발휘했다. 신제품 매출이 눈에 띄게 성장했다. 하지만 그는 이내 자신의 생각이 충분하지 않았다는 사실을 깨달았다. 경쟁사에서 즉시 비슷한 제품을 내놓은 것이다. 기능 면에서는 다소 떨어지지만, 그곳은 대기업으로 유사 제품을 만들어내는 기초 연구력을 가지고 있었다. 게다가 화장품 업체의 신뢰도 두터웠다.

A는 새로운 대책이 필요하다고 판단했다. 소재의 기능 면에서 뛰어나다는 인정을 받은 만큼, 다른 레이어에서 싸우기로 결심했다. 소재 상태로 제공하는 것이 아니라 소재를 가공해서 가루로 만든 다음, 그것을 화장품 업체에서 여러 용도로 사용할 수 있도록 제안하는 것이다.

이것은 아이디어 싸움으로, 그 회사의 주특기였다. 수많은 아이디어 상품으로 지금까지 성장해왔다. 현실에서 얻은 피드백을 통해 나온 이 대책은 결국 제대로 먹혔고, 이윽고 신제품 매출은 다시 순조롭게 성장하기 시작했다.

사례연구2:
떨어진 매출과 이익률을 회복하라

사례의 개요와 배경

B사는 자동차나 가전용 기계 부품을 제조·판매하는 회사다. 매출 수백억 엔대의 중견기업이지만 최근 들어 매출이 서서히 떨어지고 있다. 매출이 떨어지면 그것에 맞춰 이익률도 떨어지는 경향이 있다.

B사의 거래처인 자동차 업체나 가전 업체 공장은 모두 일본에 있었기 때문에, 수출은 거의 이루어지지 않았다. 한편 일본에는 비슷한 규모의 경쟁기업과 매출 수십억 엔대의 중소기업이 다수 존재했다.

향후 기업 고객인 자동차 업체나 가전 업체의 공장은 하나씩 해외로 이전이 될 것 같다. 그러나 기업 고객의 해외 진출에 발맞춰 해외로 나가기에는 인재를 비롯한 B사의 경영자원에 커다란 제약이 있었다. 너구나 B사의 기계 부품은 몇몇 고급 하이엔드high-end 제품을 제외하면, 공작기계만 수입하면 신흥국 기업에서도 싸고 간단히 만들 수 있는 제품들이었다.

이런 상황 속에서 이익률을 회복하고 매출을 확대하기 위한 판매력 강화 프로젝트가 가동되었다.

1단계 | 생각을 눈에 보이게 그린다 (①모델의 다섯 가지 구성요소)

제조업체의 매출 확대나 이익률 향상이라는 말이 나오면, 제일 먼저 떠올릴 수 있는 것이 제품의 부가가치 향상과 비용 절감에 의한 가격 경쟁력 강화다. 그러나 이것에만 매달리지 않고 본질적인 대책을 강구하기 위해 사업 전체의 모델을 그려보기로 했다. 일단 생각해야 할 다섯 가지 구성요소를 검토해보았다.

아웃풋

아웃풋의 대상인 일본의 자동차 업체나 가전 업체에서는 자사의 공장을 해외로 이전하려고 하지만, 그렇다고 모든 공장이 해외로 이전하는 것은 아니다. 어느 정도는 반드시 일본에 남겨둘 것이다. 실제로 자동차 업체 중에는 국내 생산 대수를 지키겠다고 선언한 기업도 있다. 자동차 업체로서도 생산 혁신을 일으키는 주요 공장이나 연구개발팀과의 연계에 필요한 공장은 일본에 두려고 할 것이다.

또 일본 국내 시장을 꼼꼼히 살펴보니, 의료, 에너지, 식품 등의 사업에서 기계 부품을 사용하는 기업이 존재한다. 그러니 새로운 비즈니스 기회도 분명하다. 더구나 이런 산업은 계속 성장하고 있다.

영향자

자동차 업체나 가전 업체에서는 기계 부품의 공급자를 함부로 바꾸지 않는 경향이 있다. 공급자를 바꾸었다가 불량이라도 나오면 무서운 일이 벌어지기 때문이다. 더구나 기계 부품은 빠른 속도로 기술 혁신이 일어나는 분야도 아니고, B사의 주특기는 과거의 기술을 활용한 부품이었다.

새로운 제품이 계속 쏟아지는 분야가 아니기 때문에, 기술 혁신을 하라거나 공급자를 바꾸겠다는 압력이 오는 일도 거의 없었다.

또 자동차나 가전제품의 원가에 차지하는 비율이 낮아서, 비용을 줄이라고 강요하는 일도 없었다. 한마디로 말하면 어중간한 호황을 누리는 시기라고나 할까? 이 어중간함 덕분에, 물류비를 포함하면 외국 제품이 더 비싸져서, 외국 제품이 함부로 들어오지도 못한다. 기업 고객의 구매 담당자나 개발 담당자 모두 적극적으로 다른 업체를 찾으려 하지 않는 이유다.

인풋

여기에서 인풋은 원재료로, 원재료 가격은 시세에 따라 달라지기 때문에 컨트롤할 수 있는 요소가 아니다. 그런 상황은 다른 회사도 마찬가지다.

한편 이 부품을 만드는 데는 금속의 거푸집, 금형이 필요한데, 그 금형을 만드는 기술이 대단히 중요하다. 금형이 정교하냐 정교하지 않느냐, 프레스를 한 번으로 끝내느냐 몇 번을 해야 하느냐에 따라 생산효율과 제조비용이 좌우

된다. B사는 금형을 내부에서 만드는데, 그 개발력이 최대 강점이었다.

경쟁 관계

앞에서 설명한 것처럼 비교적 많은 기업이 분산되어 있었다. 다만 공급자를 바꾸면 거기에 따른 위험성도 있기 때문에 시장점유율의 변동이 작고 고정적인 업계였다.

협조 관계

규모가 작은 회사가 폐업할 때는 후계자 문제가 발생하거나 M&A가 이루어지는 경우를 쉽게 볼 수 있다. 매수한 기업은 상대 기업이 가진 고객 기반과 금형 설계자를 손에 넣을 수 있다. 몇 개 기업이 동시에 합병해서 하나의 기업이 되는 일도 드물지 않다.

1단계 | 생각을 눈에 보이게 그린다 (②모델의 레이어)

다른 레이어 차원에서 볼 필요도 있다. 이 부품은 판매할 때까지 시제품을 만들면서 제품의 사양을 정하기 때문에,

기업 고객과의 밀접한 소통이 필수적이다. 그러니 '조직층' 차원에서 보면 기업 고객과 긴밀하게 커뮤니케이션할 수 있는 조직력이 굉장히 중요하다.

그런 측면에서 볼 때 과거 B사는 시제품을 가져오는 속도가 빠르고, 그러면서도 완성도까지 높다는 평판을 많이 받았다. 상황 변화에 재빨리 대응하는 조직의 기동력이 기업 고객으로부터 높은 평가를 받을 수 있었던 핵심 역량이었다.

또 좋은 시제품을 기업 고객에 신속하게 전달하기 위한 영업부과 개발부의 연계 플레이도 뛰어났다. 그런데 지금은 이 평가가 조금 흔들리고 있다.

여기까지 생각한 뒤 다시 차분히 매출 흐름을 들여다봤다. 각 안건별 수주와 선주문까지 분석을 마치자 기업 고객 공장의 해외 이전과 B사의 매출 감소 사이에 뜻밖에도 인과관계가 그리 크지 않다는 사실을 알 수 있었다. 두 현상의 타이밍이 거의 같아서 당연히 인과관계가 있을 것처럼 보였지만, 실제 매출 저하의 요인은 다른 데 있는 게 분명했다.

모델을 그리고 보니 시장 환경은 그렇게 비관적이지 않고, 오히려 좋은 상황이라는 사실을 알게 되었다. 중기적으로도 일본 시장은 그럭저럭 존재하고, 열심히 노력하면 의료나 에너지 분야 같은 새로운 시장도 개척할 수 있다. 그런 희망이 눈에 보였다.

다만 과거에는 좋은 시제품을 기업 고객에 빨리 전달했지만, 현재는 그런 부분이 잘 안 되고 있다. 어쩌면 이것이 매출 하락의 진정한 원인일지도 모른다. 만약 그렇다면 문제는 사업 환경에 있는 게 아니라 B사 내부에 있으므로 현실적인 대책을 세울 수 있다. 시제품을 빨리 만드는 힘을 되찾고, M&A를 통해 고객 기반을 확대하거나 기술력을 향상할 수 있다면, 국내에 머물러 있어도 매출 확대나 이익률 향상을 기대할 수 있다.

판매력 강화 프로젝트팀 팀원들은 이 구조를 모델로 만든 후(도표 6-1), 사장에게 보여주고 토론했다. 사장은 현재 상태에서 한 걸음 깊숙이 들어간 분석을 보고 매우 기뻐했다. 한정된 경영자원으로 인해 해외로 나갈 수 없는 상황에서 해결책이 눈에 보인 것이다.

사장은 기업 고객 입장에서도 이 논리가 성립되는지 확인하라고 지시했다. 그 순간, 팀원들은 깨달았다. '좋은 시제품을 신속하게 전달한다'는 것이 고객의 시점에서도 정말로 의미가 있는지에 대해 충분히 검토하지 않은 것이다. 그래서 사장의 지시대로 기업 고객의 시점을 포함시켜 더 깊숙이 검토하기로 했다.

2단계 | 과거를 해석하고 미래를 예측한다

기업 고객인 자동차 업체나 가전 업체의 관점에서 볼 때, B사의 '좋은 시제품을 신속하게 전달하는 힘'이 커다란 의미를 가지고 있는 것은 분명했다.

현재 자동차 업계나 가전 업계에서 신제품의 개발 속도와 기존 제품의 진부화 속도는 점점 빨라지고 있다. 신제품의 개발 속도가 기업의 경쟁력을 좌우하는 것이다. 즉, B사의 대응 속도가 빠르면 빠를수록 경쟁 우위를 확보하는 인과관계가 성립했다. 이 때문에 과거 B사의 시제품 스피드가 높은 평가를 받을 수 있었다.

226

이 스피드를 되찾는 것이 B사의 차별화에 큰 영향을 주는 게 틀림없었다. 지금은 그런 힘을 많이 잃어버렸지만, 이 역량은 원래 조직에 뿌리내린 스톡적인 힘이라고 할 수 있다. 지금도 분명 조직 안에 그 토대가 남아 있을 것이다.

여기에 이르러 프로젝트팀 팀원들은 이것이 B사의 실적을 좌우하는 '근원적 드라이버'라고 확신했다. 이것은 경쟁 상대가 쉽게 따라할 수도 없다. 상대의 반작용을 원천봉쇄할 수 있다는 뜻이다. 이제 팀원들의 생각은 그 능력을 되찾기 위한 것으로 옮겨가고 있다.

그 비결을 알면 다음 이야기가 보일 것 같았다. 시제품을 신속하게 제공하는 시스템만 제대로 돌아가면, 경쟁사와 M&A를 할 때도 그 회사의 기술과 고객을 원만하게 이어받을 수 있었다.

이를 통해 사업 기반이 강해지면 앞으로 성장이 기대되는 의료 분야나 에너지 분야에서도 사업을 전개할 수 있다. 나아가 해외 진출을 위한 경영 자원을 축적할 수도 있다. 그러면 기업 고객의 해외 공장에도 B사의 핵심 기술인 하이엔드 제품을 판매할 수 있다. 드디어 B사의 실적이 다시 상승 패턴을 보일 가능성을 찾았다!

여기까지 이해했다면 앞으로 해야 할 일이 눈에 보인다. 일단 신속하게 시제품을 제공할 수 있는 능력과 철저한 고객대응력을 갖추어야 한다. 그러기 위해서 어떻게 조직 간의 벽을 허물고 연계를 하느냐, 어떻게 하면 과거의 힘을 되찾느냐가 레버리지 포인트다.

애초에 과거에 높은 평가를 받았던 고객 대응력이 왜 약해진 걸까? 이것이 실적 악화의 진정한 원인이다. 영향을 주는 모든 범위로 생각의 범위를 확대해서 과거를 돌아보았다. 그랬더니 다음과 같은 사실을 알게 되었다.

예전에는 밑바닥부터 올라온 영업이사와 개발이사가 있었다. 고락을 함께하면서 B사를 키워온 핵심 임원이었다. 두 사람은 '척하면 척'의 호흡으로 연계함과 동시에 강력한 리더십으로 부하직원들에게도 서로 협조할 것을 요구했다. 그런데 5년 전 두 사람이 정년퇴직하면서 서서히 조직 간의 벽이 두꺼워지고 말았다.

실제로 두 사람의 퇴임 후 실적이 눈에 띄게 떨어지기 시작했다. 결국 시제품의 제공 스피드는 기술력의 과제가 아니라 영업과 개발 사이의 커뮤니케이션 과제였다.

어떻게 하면 영업과 개발의 벽을 허물고 긴밀한 연계를 되찾을 수 있을까? 두 사람을 다시 회사로 불러들일 수는 없다. 현재 영업과 개발의 연계 강화를 위해 적극적으로 움직여줄 수 있는 사람은 최고경영자와 강한 문제의식을 가진 중견사원밖에 없다. 앞으로 5~10년 사이에 정년퇴직할 부장급들의 위기의식은 그렇게 높지 않았다. 따라서 앞으로 20년 이상 회사에 남아 열심히 일해야 하는 과장급들이 열쇠가 되는 수밖에 없었다.

하지만 아무리 생각해도 조직의 상하관계나 지휘명령 계통을 이용한 해결책은 제대로 돌아갈 것 같지 않았다. 결국 B사는 레버리지 포인트를 찌르기 위해, 사장 직속의 프로젝트팀을 신설하기로 했다. 프로젝트팀에서는 영업활동의 자세, 핵심성과지표KPI, 회의체 정비를 포함한 업무 과정의 재설계에 착수했다.

가장 중요한 것은 시제품을 만들고 사양을 결정하기까지의 스피드다. 지금까지 두 명이 '척하면 척'의 호흡으로 해왔던 일을 시스템화해야 한다.

사장은 프로젝트팀의 존속기한을 1년으로 정하고, 해당

팀원들을 그 일에만 매달리게 했다. 프로젝트팀은 1년 후에 해산한다. 만약 그때까지 성과가 나오지 않으면 팀원들은 아무런 공도 없이 원래 부서로 돌아가야 한다. 그런 일이 절대 일어나서는 안 된다. 사장은 팀원들이 위기의식을 가질 수 있도록 배수의 진을 치고 행동을 촉구했다.

4단계 | 현실에서 피드백을 얻는다

프로젝트팀 개설 후 3개월이 지났다. 개발과 영업의 커뮤니케이션을 개선하고, 기획부터 납품까지 일련의 과정을 재고해서 스피드를 되찾을 수 있는 방법을 정리한 결과, 사장의 승인이 떨어졌다.

처음에는 분명 순조롭게 진행될 것처럼 보였지만, 이윽고 개발과 영업 사이에 괴리가 생기기 시작하면서 시제품을 내는 스피드가 다시 느려지기 시작했다. 여기에는 분명한 이유가 있었다. 모델이 달라지지 않은 것이다.

개발과 영업 모두 시제품을 만드는 업무 이외에도 다른 많은 일을 껴안고 있었다. 특히 개발은 개별적인 고객 대응 이외에 신제품 개발 업무나 기초 연구 업무도 해야 했다.

그런 상황에서 고객 대응은 늦을 수밖에 없었다. 조직의 지휘명령 계통은 영업부와 개발부가 각각 다르기 때문에, 영업부에서 우선순위를 정해주거나 작업 순서를 지시할 수는 없었다. 새로운 한계가 겉으로 드러난 것이다.

현실에서 피드백을 확인한 프로젝트팀은 논의를 거듭한 끝에, 모델을 바꾸는 새로운 대책을 강구하기로 했다. 그리고 개발부 예산을 영업부가 제공하는 시스템을 도입했다.

"이 시제품을 언제까지 만드는데 이만한 예산을 주겠다. 어느 개발팀이 맡아줄 것인가?"

이런 식으로 영업과 개발 사이에 시장market을 만들었다. 단순한 지휘명령계통에 의한 조직관리 구조에 시장원리에 따른 긴장감을 도입한 것이다. 이것이 바로 조직의 각 부서가 독립채산제가 되어, 제공하는 가치와 그 대가를 바꾸는 일종의 '아메바 경영'이다.

그 결과 한때 정체되었던 개혁이 다시 궤도에 오르기 시작했다. 모델을 바꾸자 진정한 문제 해결의 길이 열렸다.

언제까지
현혹될 것인가

매일 실천하는 통찰력 강화 연습

INSIGHT

현상은 복잡하지만 본질은 단순하다.

– 아리스토텔레스

기사 제목만 보고
실제 내용을 추측한다

    통찰력은 본질을 꿰뚫어보는 힘이고, 본질은 모델과 다이너미즘으로 이뤄져 있다. 현상이나 정보에 현혹되지 않고 그 아래에 숨어 있는 다양한 요소의 역동적인 관계를 읽어내는 것이 통찰의 핵심이다. 그러니 통찰력을 강화하기 위해서는 정보 수집과 지식 축적에 매달려서는 안 된다. 그보다는 생각하기 위한 입구를 찾거나 논리적으로 유추하는 연습을 하는 것이 훨씬 중요하다. 약간의 시간과 의지만 있으면 언제 어디서든 통찰력 강화 훈련을 할 수 있다.

    매일 아침 5분간 할 수 있는 가장 좋은 연습은 신문이나 잡지의 제목만 보고 기사의 구성과 내용을 상상해보는 것이다. 어느 기사의 제목이 'A사 최고 이익 달성!'이라면, 내용을 보기 전에 이 제목 뒤에 숨어 있는 모델과 다이너미즘을 큰 틀에서 그려본다.

일단 모델을 파악하기 위해 다섯 가지 구성요소와 각 레이어 단위에서 일어나고 있는 일을 생각해본다. 여기에서는 '어떻게 최고 이익을 달성했는가?', '인풋에서 아웃풋에 이르는 인과는 어떻게 연결되어 있었나?', '어떤 경쟁 환경에 있고, 누구와 어떻게 연계하고 있는가?' 등의 질문이 의미가 있다.

그런 다음 시간의 축을 넣어 다이너미즘도 생각해본다. '이 상황이 계속 유지될까?', '10년 후, 20년 후에는 어떻게 될까?', '앞으로 지금보다 더 큰 이익을 달성할 수 있을까?'라는 질문을 던지며 인과의 종착점까지 가본다.

10년 후 A사에 관한 기사에 어떤 제목이 붙을 건지 나름대로 유추해 써보는 것도 좋다. 그다음에 신문기사를 실제로 읽고 자기가 생각한 이야기와 비교해본다. 이때 중요한 것은 기사의 내용과 자신의 생각이 일치했는지 빗나갔는지가 아니다. 자신이 생각한 범위보다 많은 것이 쓰여 있다면 어떤 발상이 빠졌는지 확인하고, 그 놓친 관점에 대해 배우면 된다.

　반대로 자신의 생각이 기사보다 넓고 깊게 본질을 파고
들어갔다면 정보에 의지하지 않는 사고력이 몸에 밴 것이
니 자신감을 가져도 좋다.

유추를 돕는
생각 모델을 늘린다

모델을 그릴 때 유추analogy는 막강한 위력을 발휘한다. 유추란 과거 경험에서 배운 것이나 생각한 것을 활용해 지금 직면한 과제를 마주하는 일이다. 유추가 잘 이뤄지면 이해는 단숨에 깊어진다.

따라서 어떻게든 유추에 활용할 수 있는 생각 모델을 최대한 늘려야 한다. 머릿속에 생각 모델이 많을수록, 더 다양한 각도에서 문제에 접근할 수 있다. 그러면 당연히 본질을 꿰뚫어볼 수 있는 통찰력 또한 강화된다. 여기에서는 네 가지 기본 모델만 소개하지만, 이것 말고도 세상에는 수없이 많은 모델이 있다. 매일 마주하는 다양한 사건을 보며 그 현상 뒤에 숨어 있는 모델을 뽑아내 머릿속에 저장하는 연습을 하자.

1. 급성장하다가 파탄 나는 모델

급성장 후 갑자기 파탄 나는 모델을 주변에서 자주 볼 수 있다. 경쟁사와의 무리한 가격 경쟁이 한 가지 원인이기도 했지만, 파탄이 난 진짜 원인은 내부에 있는 경우가 많다.

> 양질의 서비스와 낮은 가격으로 시장 진입 → 고객의 급격한 증가 → 사원 채용 확대, 신입사원의 비율 증가 → 서비스의 수준 저하 → 고객 이탈 → 매출 감소 → 고정비 증가 → 급격한 수익 악화 → 가격 경쟁력 저하 → 저급한 서비스, 비싼 가격 → 고객 이탈

이런 식으로 급성장이 오히려 악순환을 만들어낸 것이다 (도표 7-1). 내가 예전에 근무했던 스타벅스도 일본에 진출한 이후, 200개 점포에서 500개 점포로 급성장하는 과정에서 똑같은 문제에 직면했다. 점포를 급속하게 늘리는 바람에 체류 시간(스톡)은 적고 통행량(플로)만 많은 장소에 출점을 하거나, 우수한 직원 채용과 직원 교육이 따라가지 못해 서비스 품질이 저하됐다. 또 너무 흔하고 진부한 브랜드가 되어버리는 최악의 결과를 맞이하기도 했다. 당시 스

타벅스는 출점 속도를 늦추고 채산이 맞지 않는 점포를 폐쇄하면서 악순환에서 벗어나는 데 성공했다.

2. 선순환에 의한 성장 모델

이와는 반대로 선순환에 의한 성장 모델도 있다. 많은 사람이 쓸수록 진부하게 느껴지기는커녕 그것의 사용가치가 높아지는 모델이다. 페이스북Facebook, 라인Line, 아이튠즈iTunes 등이 전형적인 사례다. 이런 서비스는 사용자가 많아질수록 편리성이 증가하고 네트워크 자체의 가치도 올라간다. 이런 현상을 네트워크 외부성network externality이라고 부른다.

네트워크 외부성의 오래된 사례로 시계 초침, 분침, 시침의 회전 방향을 들 수 있다. 과거에는 지금의 시계 방향으로 도는 시계와 지금과는 반대 방향으로 도는 시계가 공존했다. 그런데 많은 사람들이 시계방향 돌기에 익숙해지면서 결국 모두 그 시계를 사용하게 됐다. 제조업체도 자연스럽게 시계방향으로 도는 제품만 만들게 됐다.

3. 빼기의 차별화 모델

이것은 기존에 있던 모든 불필요한 요소를 제거해 가치

의 호소력을 높이는 모델이다. 다이슨^{Dyson}은 흡인력을 저하시키는 필터를 없애고, 원심분리 메커니즘을 활용해 흡인력이 줄어들지 않는 청소기를 개발했다. 또 CD 같은 경우 기존의 레코드 바늘과 테이프의 자기 헤드^{magnetic head} 부분을 없애고, 제품이 뜨거워지는 문제를 해결해서 부가가치가 높아졌다.

4. 제로섬 게임에서 이탈하는 모델

오키나와의 미군기지 문제는 제로섬 게임이다. 오키나와의 부담이 줄어들면 다른 곳의 부담이 늘어난다. 따라서 장소를 바꾸는 레이어 차원에서만 생각해서는 문제를 해결하기 힘들다. 안보에 대한 기본 철학이나 미국과 일본의 역할분담 재고처럼 처음으로 돌아가서 구조를 바꾸지 않는 이상, 그러니까 제로섬 게임에서 이탈하지 않는 이상 똑같은 문제는 계속 반복될 수밖에 없다.

재미있게 말할 수 있는
소재를 늘린다

　다른 사람에게 말해주고 싶은 재미있는 소재를 늘리는 것도 통찰력 강화에 도움이 된다. 앞에서도 언급한 적이 있지만 재미있는 느낌을 받았다는 건 본질에 다가갔다는 증거가 될 수 있다. 그러니 일을 하다가 재미있는 사례를 접했을 때는 의식적으로 머릿속에 넣어두어 기회가 있을 때마다 다른 사람에게 소개하는 것이 좋다.

　최근 어느 신흥국에 대형 농기계를 팔 수 있을지를 조사하는 프로젝트에 참여한 적이 있다. 결론부터 말하면 그 나라는 대형 농기계를 팔기 힘든 구조를 가지고 있었다. 그때 우리 팀은 그 나라의 농업 구조에 관해 대단히 흥미로운 사실을 여럿 찾아냈다.

그 나라의 토양은 부드럽고 배수가 잘 되지 않아 몹시 질척거렸다. 국가 자체가 가난해서 배수를 위한 관개시설도 만들 수 없다. 또한 경사면에 있는 농지가 많아서 대형 농기계를 사용하기에 적합하지 않았다.

문제는 그것만이 아니었다. 대형 농기계를 쓰기에는 농지 하나하나가 다 작았다. 여기에는 종교상의 이유도 있었다. 그 나라는 이슬람 국가로, 유산을 자손에게 균등하게 나누어주는 풍습이 남아 있었다. 그리하여 세대를 거칠 때마다 하나의 농지가 작아져서, 대형 농기계 도입에 마이너스 요인으로 작용했다.

고용의 문제도 있었다. 그 나라에서는 농사철이 되면 각 마을마다 많은 사람이 서로 협조하며 농사를 지었다. 그런데 기계를 사용하면 그 사람들의 일거리가 없어진다. 어쩌면 지역사회의 질서가 무너져버릴지도 모른다.

결국 토지와 노동력이라는 인풋과 국가와 종교라는 영향자, 마을 사람들의 고용 문제라는 협조 관계의 관점에서 볼 때, 대형 농기계 도입이 어렵다는 결론에 도달했다. 이런 식의 재미있는 사례가 머릿속의 서랍에 여러 개 들어 있으

면 어떤 문제를 마주하더라도 중요한 발상의 힌트로 삼을
수 있다.

생각을 눈에 보이게 해서
수정을 거듭한다

생각을 시각화하면 본질을 보는 데 많은 도움이 된다. 어느 정도 확실히 생각하고 있다고 여겨도, 막상 종이에 적거나 그려보면 의외로 앞뒤가 맞지 않거나 놓치고 있는 부분이 많다는 걸 알 수 있다.

특히 모델과 다이너미즘은 언어 표현만으로는 파악할 수 없었던 걸 찾아준다. 때문에 모델과 다이너미즘은 항상 종이에 그림을 그려서 눈에 보이도록 하는 것이 좋다. 처음에는 빠진 부분이 있어도 괜찮다. 자신이 놓치고 있는 부분을 확인하면서 모델의 완성도를 점점 높여가는 것이 연습의 핵심이기 때문이다. 골프 레슨을 받을 때, 자신이 스윙하는 모습을 동영상으로 확인하는 작업처럼 생각해도 좋겠다.

이때 중요한 것은 그림으로 그린 모델과 다이너미즘을 비판적으로 보는 것이다. 단순히 생각을 확인하기 위해 시각화하는 것과, 그 생각을 비판적으로 보기 위해 시각화하는 것은 천지 차이다.

단순 확인을 위해 시각화하면, 거기서는 아무 새로운 것도 태어나지 않는다. 심리학에서는 이것을 '확증 편향 confirmatory bias'이라고 하는데, 수많은 정보 중에서 자신이 믿고 싶은 것만 취하고 반대의 증거는 버리는 것을 말한다. 자신의 생각에 맞는 정보만 취사선택하면 선입견은 더욱 굳어질 수밖에 없다. 모델이나 다이너미즘을 볼 때는 항상 '애초에?'라고 스스로에게 묻는 자세가 중요하다.

한편 사고를 시각화할 때 가장 편리한 것은 화이트보드다. 사고를 축적하고 시행착오를 반복하는 데 매우 편리하기 때문이다. 회의실에 혼자 틀어박힌 채 화이트보드 앞에 서서 생각하면 좋은 결론을 이끌어낼 수 있다.

개인적으로도 책상 앞에 앉아서 종이에 그리기보다 화이트보드 앞에서 왔다 갔다 움직이며 생각하는 편이 훨씬 도움이 되었다. 일단 화이트보드는 노트보다 그릴 수 있는 면적 자체가 훨씬 크다. 지우기도 편리하다. 처음부터 모델의 전체 모습을 아는 경우는 거의 없고 대부분 어림짐작으로 파악하고 있기 때문에, 추가로 더 그리고 수정하고 빼는 작업이 훨씬 쉬워진다. 또 많은 인원이 함께 작업할 수 있는 것도 추천하는 이유 중 하나다.

내가 현재 속해 있는 롤랜드 버거에도 사무실 여기저기에 화이트보드가 놓여 있다. 더구나 요즘은 복사 기능이 있는 제품도 있어 수정이 이뤄지는 모든 과정을 보존할 수 있다. 그때 사실은 네모, 가설은 동그라미, 인과관계는 화살표, 중요한 것은 별표 등 나름대로 규칙을 정해놓고 여러 도형을 사용하면 생각 정리에 더욱 효과적이다.

이런 방법을 반복해서 사용할수록 생각은 더 깊어지고 정교해진다. 우뇌를 활성화하게 만드는 대단히 좋은 훈련이니 꼭 실행에 옮겨보자.

자신의 논리를
다른 사람에게 말해본다

학창시절 공부를 유난히 잘하던 친구들의 공통점이 뭔지 아는가? 그들은 다른 친구들에게 자신이 어떻게 문제를 풀었는지 그 과정을 가르쳐주는 것을 즐겼다. 문제 푸는 방법이 여러 개 있으면 그 모든 방법을 설명하면서 각 방법의 장단점까지 설명해주는 친구도 있었다.

혼자 문제를 풀고 끝내지 않고, 다른 사람에게 그 방법을 설명하는 과정을 덧붙이면, 문제에 대해 더 완벽히 이해하게 되고, 그 생각 과정을 체화하게 된다. 일상생활이나 비즈니스에서 맞닥뜨리는 문제도 마찬가지다. 그러니까 스스로 생각한 논리를 친구, 가족, 직장 동료 등 가까운 사람들에게 말하고 그들의 반응을 듣거나 함께 토론해보는 게 중요하다. 본질을 꿰뚫고 있는 생각이라면 듣는 사람도 재미있어 할 것이고, 반대로 그렇지 못한 생각이라 하더라도 듣는 사람은 상대 논리의 허점을 지적하는 걸 충분히 즐길 수 있다.

이런 과정에는 몇 가지 장점이 있다.

첫째, 이야기 만들기의 훈련이 된다. 모델과 다이너미즘은 그림으로 표현된다. 그것을 말로 바꾸어서 상대를 이해시키기는 쉽지 않다. 따라서 상대에게 자신의 의견을 말하는 것은 그림을 말로 바꾸는 좋은 훈련이 될 수 있다.

둘째, 상대의 찬성이나 반대, 질문에 따라 자신의 생각이 더 깊어지고 진화될 가능성이 있다. 특히 상대가 통찰력 있는 사람이라면 그 대화에서 더 많은 것을 얻을 수 있다.

자신의 생각을 다른 사람에게 말하면 단순한 탁상공론이 살아 있는 통찰로 진화한다. 그리고 자신의 생각이 얼마나 확고한지도 확인할 수 있다. 단, 너무 끈질기게 자기주장만 늘어놓으면 주변 사람들이 외면할 가능성이 있으니, 그 부분은 항상 조심하자.

역사관을 키운다

역사관과 통찰력이 무슨 관계가 있느냐고 의아하게 생각할지도 모르겠다. 하지만 나는 역사관을 키우는 것이 통찰력을 강화하는 데 커다란 도움이 된다고 믿고 있다.

깊이 들여다보면 역사는 곧 근원적 드라이버로 움직인다는 걸 알 수 있다. 또 어느 한 역사적 사건이 미치는 영향력이 어느 범위까지인지 확인하는 데도 도움이 된다. 그러니까 역사관을 키우면 근원적 드라이버를 생각하는 힘과 생각의 범위를 영향력이 미치는 범위까지 확대하는 능력을 키울 수 있다.

그 밖에도 역사에서는 여러 가지 발상을 배울 수 있다.

영토의 크기(공간)와 국가의 수명(시간)의 관련성을 살펴보면 흥미로운 사실을 알 수 있다. 과거에 존재했던 로마제국이나 대영제국은 분리와 쇠퇴의 추세를 거스를 수 없었다. 인구나 자원이 아닌 다른 레이어 안에서 수많은 요소가 서로 영향을 주고받으며 커다란 역사의 파도가 태어났고, 결국 대제국은 쇠퇴했다. 이런 사실을 알고 역사를 바라보면 너무도 흥미롭지 않은가.

인구와 영토의 크기라는 관점에서 볼 때, 앞으로 세계의 중심이 될 중국과 인도는 어쩌면 그 크기 때문에 내부로부터 붕괴할지도 모른다. 인류 역사를 살펴보면 그런 생각을 할 수 있다.

이런 식으로 국가의 움직임을 역사적인 관점에서 바라보면 세계 여러 나라에서 겪고 있는 영토 분쟁도 당장 해결될 수 없다는 사실을 알게 된다. 역사를 되돌아보면 국경의 변경은 결국 전쟁, 할양(멕시코가 미국에 남부 주를 팔거나, 러시아가 미국에 알래스카를 팔거나), 혁명이라는 커다란 역사적 상전이 안에서만 일어난다. 그러니 단기적인 문제 해결을 위해서는 국경 차원의 레이어가 아니라 경제 개발 차원의 레이어에서 생각해야 한다는 걸 알 수 있다.

다른 사례도 한번 살펴보자.

최근에 일본이 껴안고 있는 의료비 증가 문제도 매우 흥미로운 주제다. 본질적인 문제는 당연히 인간의 수명이 늘어난 것이다. 많은 사람이 건강하게 오래 살고 싶다고 생각하는 이상, 의료비가 증가하는 것은 당연한 일이다.

앞으로 의료기술이 발달해서 의료비가 적게 들 것이라는 생각은 환상에 불과하다. 건강하게 오래 살고 싶다는 생각은 수준 높은 의료를 추구하게 되고, 이것은 다시 사람들의 수명을 연장시키는 것으로 이어진다. 전형적인 플러스 루프다.

장수사회가 보편화되면서 노인들이 병원에 다니는 것이 일과가 되고 있다. 이로 인해 병원 안에 자연스럽게 노인 커뮤니티가 생긴다. 노인들의 병원 나들이는 결코 줄어들지 않는다. "오늘은 A씨가 병원에 오지 않은 것을 보니 컨디션이 나쁠지도 모르겠군"이라는 우스갯소리가 있을 정도다.

물론 의료비 상승을 억제하는 노력은 당연히 해야 한다. 하지만 본질적으로는 아웃풋인 의료비 상승 억제에 머물지 않고, 인풋인 생산인구 증가에 초점을 맞춰 둘 사이에 균형을 맞춰야 한다.

　이처럼 역사관을 키우면 근원적 드라이버를 포착하는 힘이 단련되고 시야가 넓어진다. 오랜 시간축을 염두에 두고 가능한 넓은 범위에서 생각하는 것이 현상 뒤에 숨어 있는 모델과 다이너미즘을 포착하는 통찰력 사고의 핵심 아니었던가. 그러니 통찰력 강화를 위해서라도 역사를 보다 가까이하는 습관을 들이는 게 좋겠다.

해답 없는 문제에
도전한다

마지막으로 해답이 없는 문제에 도전해본다. 본질적으로 어려운 문제를 생각해보는 것이다. 해답이 없는 문제가 가장 좋은 선생이기 때문이다.

해답이 쉽게 나오지 않는 문제.

사람에 따라서 생각이 다른 과제.

논리만으로 간단히 풀 수 없는 주제.

이런 문제에 도전하면 통찰력의 완성도를 한 차원 높일 수 있다. 어려운 문제는 피라미드 로직 트리나 프레임워크만으로 해답을 발견할 수 없기 때문이다.

이를테면 2050년 세계의 모습을 상상해보거나 정의와

문명, 민주주의와 자본주의의 미래 등에 대해 생각해보는 것이다. 실제로 많은 글로벌 기업에서 이런 해답이 없는 문제를 입사 면접시험에 출제하는 사례가 늘고 있다. 정답이 없는 문제임에도, 지원자들의 생각 수준과 통찰력을 파악할 수 있는 가장 효과적인 질문이기 때문이다.

시사적인 이슈 중에서도 어려운 문제는 산적해 있다. 국가의 재무위기, 원전 폐기 문제, 세금과 복지제도 개혁, 미국의 금리 인상과 환율 전쟁 등. 이런 문제에 대해 나름대로 해결 방법을 생각해보거나 찬성인지 반대인지 입장을 정해서 논리를 정리해보는 것도 좋은 연습이 될 것이다.

어려운 주제를 다룬 고전을 읽는 것도 마찬가지 의미에서 좋은 연습이 될 수 있다. 고전이 주는 지혜는 단순한 방법론이나 특정 시대에만 통하는 어설픈 지식이 아니다. 고전 안에는 시공간을 초월해 어떤 본질을 꿰뚫어보는 힘이 축적되어 있다. 따라서 고전에서 얻는 참 지식은 반드시 피와 살이 되어서 통찰력을 몇 단계 끌어올려줄 것이다.

길지 않은 분량임에도 막상 원고를 쓰기 시작하자 눈앞으로 다가온 어려움은 상상을 초월할 정도였다. 간단한 기술을 설명하는 책이 아니라 종잡을 수 없는 본질에 대해 쓰려고 했기 때문이리라.

다만 나로서는 최선을 다했다. 이 책에서 설명한 방법 그대로 정말 많은 것을 깊게 생각하면서 나를 돌아보는 좋은 계기가 되었다. 이 책을 읽는 여러분도 스스로 생각하며 눈앞에 있는 벽을 뛰어넘는 힌트를 발견한다면, 그보다 더 기쁜 일은 없을 것이다.

이 책의 원형은 동양경제신보사의 비즈니스 잡지 《씽

크!Think!》에 연재한 〈본질사고本質思考〉다. 당시 롤랜드 버거의 전 파트너인 기토 다카유키鬼頭孝幸 씨와 공동으로 집필했는데, 나와 함께 이 어려운 문제에 도전해준 그에게 가장 먼저 감사의 말을 전하고 싶다.

또 이 책에서 다룬 많은 소재와 사례는 매일 프로젝트를 진행하면서 함께 생각하고 함께 토론한 동료 컨설턴트들의 지혜에서 나왔다. 특히 요네다 주지米田寿治, 나카노 다이스케中野大亮, 이가라시 마사유키五十嵐雅之, 가이세 세이貝瀬斉, 와타베 다카시渡部高士를 비롯한 롤랜드 버거의 모든 파트너들에게 이 자리를 빌려 감사의 인사를 전하고 싶다. 이들로부터 매일 신선한 자극을 듬뿍 받을 수 있었다.

MIT 슬론스쿨 유학을 인연으로 만난 여러 교수님과 친구들에게도 많은 것을 배웠다. 특히 박사과정의 지도교수였던 야마다 히데오山田英夫 교수님. 현재 와세다대에 계신 교수님은 '비즈니스 모델business model'과 '사실 표준de facto standard'의 대가로 통찰이 얼마나 중요한지를 강의실과 연구실 안팎에서 몸소 보여주셨다.

그리고 야마다 히데오 교수님 밑에서 함께 공부했고, "애초에"가 입버릇인 아사쿠라 아미浅倉亜美 씨, '경쟁전략'과

'레이어 전략론' 분야에서 일본을 대표하는 경영학자인 와세다대 네고로 다쓰유키根来龍之 교수, '유저 이노베이션'을 비롯해 마케팅 분야의 국제적 연구자인 고배대 오가와 스스무小川進 교수로부터 수많은 지혜를 얻었다. 그들에게도 깊이 고개 숙여 감사드리고 싶다.

마지막으로《씽크!》에 원고를 쓰던 시절부터 오랜 세월에 걸쳐 좋은 조언을 해주었고, 동시에 차분하게 편집을 담당해준 사이토 고키斎藤宏軌 씨가 없었다면 이 책은 결코 세상에 나올 수 없었다. 그에게도 심심한 감사를 표한다.

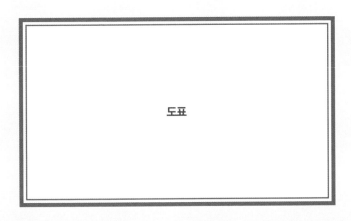

도표

도표 1-1 SWOT 제대로 활용하기

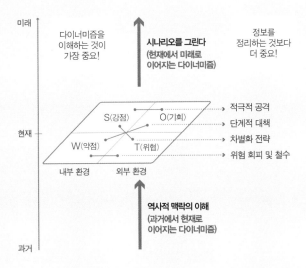

도표 1-2 양품률이 낮아도 이익률은 높을 수 있다

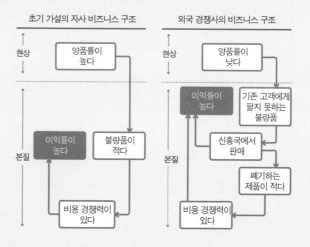

도표 2-1 휴일 낮 데이트로 영화관에 갈 수야 없지!

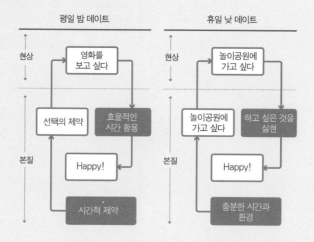

도표 2-2 구조와 인과를 포착하면 본질을 볼 수 있다

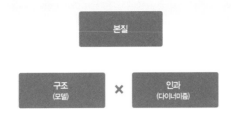

도표 2-3 본질은 인풋과 아웃풋 사이에 있는 블랙박스다

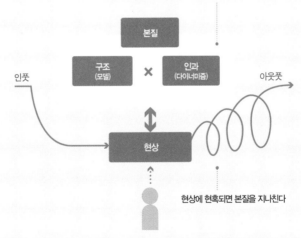

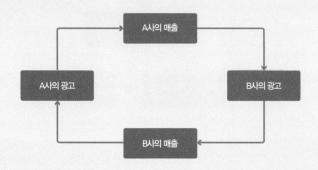

도표 2-4 광고비가 계속 높아지는 모델

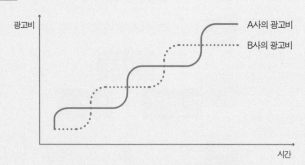

도표 2-5 A사와 B사의 광고 전쟁 다이너미즘

● 미시경제학의 가격 결정

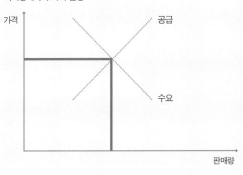

● 시스템 다이내믹스의 가격 결정

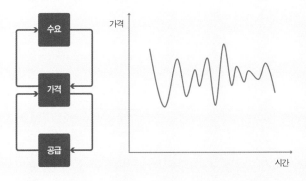

광고비 상승에 대처하는 두 가지 방법

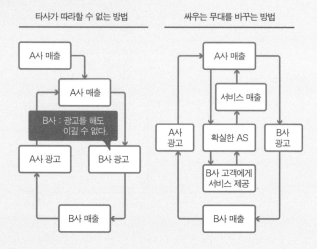

눈에 보이지 않는 절반이 있다

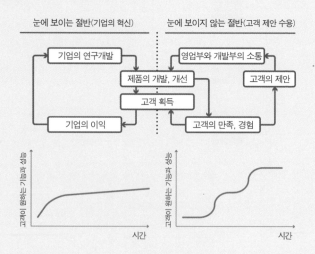

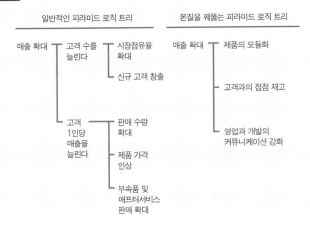

일반적인 피라미드 로직 트리

매출 확대 ┬ 고객 수를 늘린다 ┬ 시장점유율 확대
│   └ 신규 고객 창출
└ 고객 1인당 매출을 늘린다 ┬ 판매 수량 확대
                            ├ 제품 가격 인상
                            └ 부속품 및 애프터서비스 판매 확대

본질을 꿰뚫는 피라미드 로직 트리

매출 확대 ┬ 제품의 모듈화
├ 고객과의 접점 재고
└ 영업과 개발의 커뮤니케이션 강화

도표 3-1 생각을 눈에 보이게 그린다

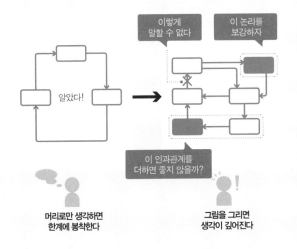

이렇게 말할 수 없다

이 논리를 보강하자

알았다!

이 인과관계를 더하면 좋지 않을까?

머리로만 생각하면 한계에 봉착한다

그림을 그리면 생각이 깊어진다

도표 3-2 플러스 루프와 마이너스 루프

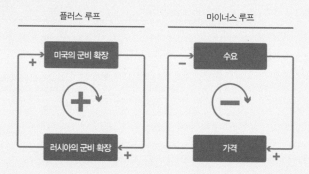

플러스 루프

마이너스 루프

+ 미국의 군비 확장

러시아의 군비 확장 +

− 수요

가격 +

도표 3-3 도쿄의 백화점 부활을 뒷받침하는 모델

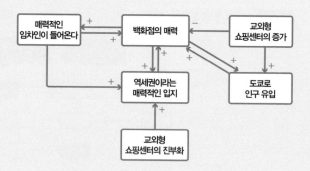

매력적인
임차인이 들어온다

백화점의 매력

교외형
쇼핑센터의 증가

역세권이라는
매력적인 입지

도쿄로
인구 유입

교외형
쇼핑센터의 진부화

도표 3-4 다섯 가지 구성요소가 잘 어우러져 성장한 싱가포르 항공

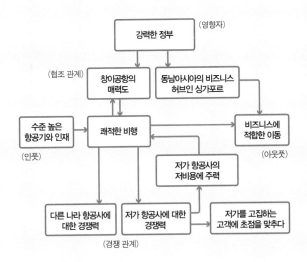

레이어 차원에서 자동차 업계의 모델 그리기

도표 3-6 영어를 잘하는 사람이 일도 잘하는 것처럼 보인다면

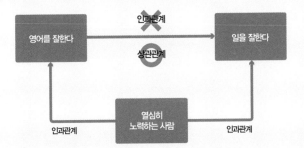

현상에 현혹되어 신차 판매와 중고차 판매의 관계를 보면

● 신차와 중고차의 자기잠식효과

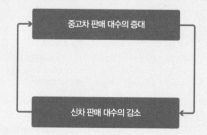

● 언뜻 보기에 중고차 판매는 신차 판매에 마이너스처럼 보이지만……

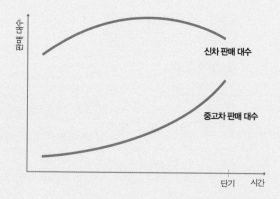

도표 4-2 본질을 꿰뚫어서 신차 판매와 중고차 판매의 관계를 보면

● 중고차 판매가 신차 판매에 미치는 플러스 영향

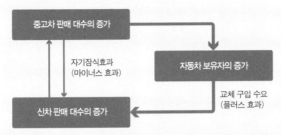

● 중고차 판매는 신차 판매에 플러스 영향을 준다

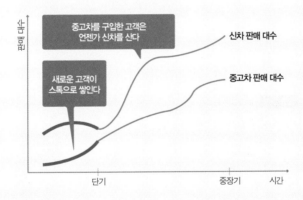

다이너미즘의 전형적인 여섯 가지 패턴

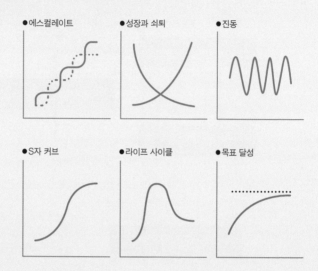

스톡과 플로

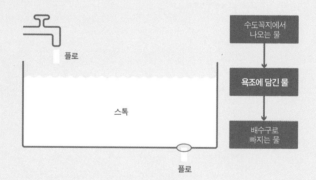

도표 4-5 **기업 규모와 이익률의 관계**

기업 규모와 이익률의 관계

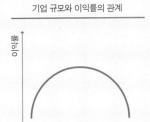

기업 규모 확대와 이익률의 다이너미즘

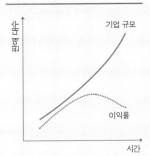

도표 4-6 **기업 문화 차이에 따른 다이너미즘의 차이**

일본 기업

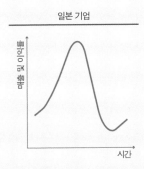

미국 기업

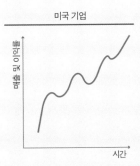

중학교 입시와 고등학교 입시

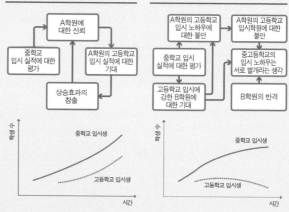

언뜻 보기에 이치에 맞는 모델과 다이너미즘

실제로는 그렇지 않았던 모델과 다이너미즘

도표 4-8 업무 기술에 있어 판세가 바뀌는 시점

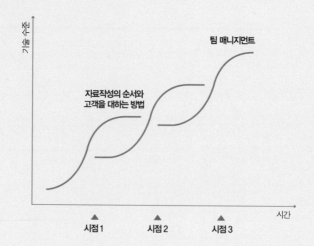

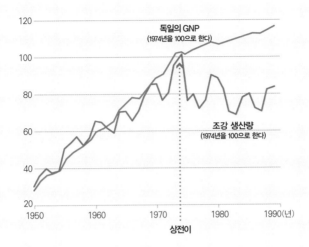

도표 4-9 독일의 GNP와 조강 생산량의 관계

독일의 GNP
(1974년을 100으로 한다)

조강 생산량
(1974년을 100으로 한다)

상전이

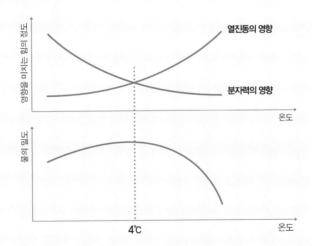

도표 4-10 물의 밀도

열진동의 영향

분자력의 영향

영향을 미치는 힘의 정도

온도

물의 밀도

4℃

온도

도표 4-11 조직의 변혁

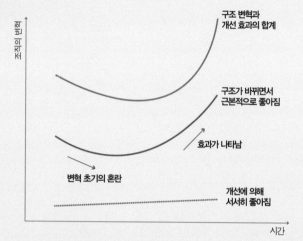

도표 5-1 모델을 바꿔야 문제가 해결된다

핵시설 경쟁

핵시설 축소

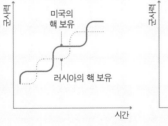

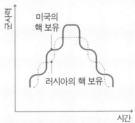

B사의 매출 및 이익 확대 모델

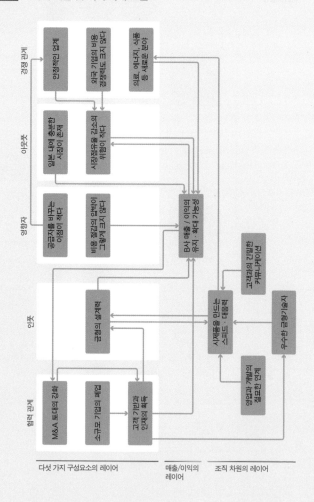

도표 7-1 어느 항공사의 파탄 사례

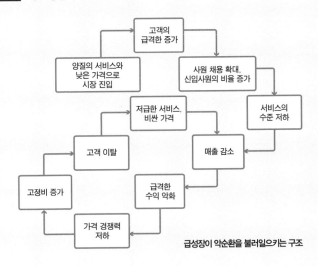

급성장이 악순환을 불러일으키는 구조

옮긴이 **이선희**

부산대 일어일문학과를 졸업하고 한국외국어대 교육대학원 일본어교육과에서 수학했다. 부산대 외국어학당 한국어 강사를 거쳐 삼성물산, 숭실대 등에서 일본어를 강의했다. 현재 KBS 아카데미 일본어 영상 번역 과정 강사로 있으며, 외화 및 출판 전문번역가로 활동하고 있다. 옮긴 책으로『그들은 어떻게 최고가 되었나』,『나는 매일 감동을 만나고 싶다』,『공허한 십자가』,『방황하는 칼날』등이 있다.

전 세계 1% 전략가들에게만 허락된 MIT 명강의

1등의 통찰

초판 1쇄 발행 2016년 6월 28일
초판 13쇄 발행 2022년 6월 18일

지은이 히라이 다카시
옮긴이 이선희
펴낸이 김선식

경영총괄 김은영
디자인 황정민 **책임마케터** 문서희
콘텐츠사업4팀장 김대한 **콘텐츠사업4팀** 황정민, 임소연, 옥다애
편집관리팀 조세현, 백설희 **저작권팀** 한승빈, 김재원, 이슬
마케팅본부장 권장규 **마케팅4팀** 박태준, 문서희
미디어홍보본부장 정명찬 **홍보팀** 안지혜, 김은지, 이소영, 김민정, 오수미
뉴미디어팀 허지호, 박지수, 임유나, 송희진, 홍수경
재무관리팀 하미선, 윤이경, 김재경, 오지영, 안혜선
인사총무팀 이우철, 김혜진, 황호준
제작관리팀 박상민, 최완규, 이지우, 김소영, 김진경, 양지환
물류관리팀 김형기, 김선진, 한유현, 민주홍, 전태환, 전태연, 양문현

펴낸곳 다산북스 **출판등록** 2005년 12월 23일 제313-2005-00277호
주소 경기도 파주시 회동길 490 다산북스 파주사옥 3층
전화 02-704-1724
팩스 02-703-2219 **이메일** dasanbooks@dasanbooks.com
홈페이지 www.dasanbooks.com **블로그** blog.naver.com/dasan_books
종이 한솔피엔에스 **출력·제본** 민언프린텍

ISBN 979-11-306-0868-6 (03320)